汽车综合故障诊断

（任务工单）

主　编　李　勇
副主编　刘媛媛　张艳飞
主　审　王福忠

北京理工大学出版社
BEIJING INSTITUTE OF TECHNOLOGY PRESS

目 录

起动机不转故障诊断作业单 1 ……………………………………………………… 001
起动机不转故障诊断作业单 2 ……………………………………………………… 005
发动机无法起动故障诊断作业单 1 ………………………………………………… 009
发动机无法起动故障诊断作业单 2 ………………………………………………… 013
发动机运转不良故障诊断作业单 1 ………………………………………………… 017
发动机运转不良故障诊断作业单 2 ………………………………………………… 021
近光灯工作异常故障诊断作业单 1 ………………………………………………… 025
近光灯工作异常故障诊断作业单 2 ………………………………………………… 029
转向灯不亮故障诊断作业单 1 ……………………………………………………… 033
转向灯不亮故障诊断作业单 2 ……………………………………………………… 037
雾灯不亮故障诊断作业单 1 ………………………………………………………… 041
雾灯不亮故障诊断作业单 2 ………………………………………………………… 045
无钥匙进入功能失效故障诊断作业单 1 …………………………………………… 049
无钥匙进入功能失效故障诊断作业单 2 …………………………………………… 053
一键起动失效故障诊断作业单 1 …………………………………………………… 057
一键起动失效故障诊断作业单 2 …………………………………………………… 061
车窗升降器工作异常故障诊断作业单 1 …………………………………………… 065
车窗升降器工作异常故障诊断作业单 2 …………………………………………… 069
中央门锁工作异常故障诊断作业单 1 ……………………………………………… 073
中央门锁工作异常故障诊断作业单 2 ……………………………………………… 077
中央门锁工作异常故障诊断作业单 3 ……………………………………………… 081
电动后视镜工作异常故障诊断作业单 ……………………………………………… 085
防盗系统不通过故障诊断作业单 1 ………………………………………………… 089
防盗系统不通过故障诊断作业单 2 ………………………………………………… 093
ESP 系统工作不良故障诊断作业单 ………………………………………………… 097
轮胎异常磨损故障诊断作业单 ……………………………………………………… 101
转向沉重故障诊断作业单 …………………………………………………………… 105

起动机不转故障诊断作业单1

1. 实施功能检查，确认故障现象，推断故障范围	得分
（1）确认故障现象	
（2）绘制与故障现象相关的控制原理图	
（3）根据故障现象，判断可能原因	
2. 读取故障码，填写对该故障诊断有用的信息，不用者不填	
3. 根据上述分析及测试结果，进一步明确故障范围，确定测试突破点	

续表

4. 基于以上诊断结论，选择测量点，实施测量，确定故障所在				得分
测试对象				
测试条件		使用设备		
数据流、执行元件诊断、电压、电阻等测试结果，不用者不填				
测试参数				
标准描述				
测试结果				
是否正常				
波形测试结果，不用者不填				
波形名称	标准波形（注意单位）		实测波形（请圈出异常位置）	
分析测试结果，必要时简单修复，并做进一步诊断（或验证）				

续表

5.基于以上诊断结论，选择测量点，实施测量，确定故障所在					得分
测试对象					
测试条件		使用设备			
数据流、执行元件诊断、电压、电阻等测试结果，不用者不填					
测试参数					
标准描述					
测试结果					
是否正常					
波形测试结果，不用者不填					
波形名称	标准波形（注意单位）		实测波形（请圈出异常位置）		
分析测试结果，必要时简单修复，并做进一步诊断（或验证），不用者不填					

续表

6. 基于以上诊断结论，选择测量点，实施测量，确定故障所在					得分
测试对象					
测试条件			使用设备		
数据流、执行元件诊断、电压、电阻等测试结果，不用者不填					
测试参数					
标准描述					
测试结果					
是否正常					
波形测试结果，不用者不填					
波形名称	标准波形（注意单位）		实测波形（请圈出异常位置）		
分析测试结果，必要时简单修复，并做进一步诊断（或验证）					
7. 结合诊断结果，分析故障机理					

起动机不转故障诊断作业单 2

1. 实施功能检查，确认故障现象，推断故障范围	得分
（1）确认故障现象	
（2）绘制与故障现象相关的控制原理图	
（3）根据故障现象，判断可能原因	
2. 读取故障码，填写对该故障诊断有用的信息，不用者不填	
3. 根据上述分析及测试结果，进一步明确故障范围，确定测试突破点	

续表

4.基于以上诊断结论，选择测量点，实施测量，确定故障所在				得分
测试对象				
测试条件		使用设备		
数据流、执行元件诊断、电压、电阻等测试结果，不用者不填				
测试参数				
标准描述				
测试结果				
是否正常				
波形测试结果，不用者不填				
波形名称	标准波形（注意单位）		实测波形（请圈出异常位置）	
分析测试结果，必要时简单修复，并做进一步诊断（或验证）				

续表

5. 基于以上诊断结论，选择测量点，实施测量，确定故障所在					得分
测试对象					
测试条件			使用设备		
数据流、执行元件诊断、电压、电阻等测试结果，不用者不填					
测试参数					
标准描述					
测试结果					
是否正常					
波形测试结果，不用者不填					
波形名称	标准波形（注意单位）		实测波形（请圈出异常位置）		
分析测试结果，必要时简单修复，并做进一步诊断（或验证），不用者不填					

续表

6. 基于以上诊断结论，选择测量点，实施测量，确定故障所在					得分
测试对象					
测试条件		使用设备			
数据流、执行元件诊断、电压、电阻等测试结果，不用者不填					
测试参数					
标准描述					
测试结果					
是否正常					
波形测试结果，不用者不填					
波形名称	标准波形（注意单位）		实测波形（请圈出异常位置）		
分析测试结果，必要时简单修复，并做进一步诊断（或验证）					
7. 结合诊断结果，分析故障机理					

发动机无法起动故障诊断作业单1

1. 实施功能检查,确认故障现象,推断故障范围	得分
(1)确认故障现象	
(2)绘制与故障现象相关的控制原理图	
(3)根据故障现象,判断可能原因	
2. 读取故障码,填写对该故障诊断有用的信息,不用者不填	
3. 根据上述分析及测试结果,进一步明确故障范围,确定测试突破点	

续表

4.基于以上诊断结论，选择测量点，实施测量，确定故障所在					得分
测试对象					
测试条件		使用设备			
数据流、执行元件诊断、电压、电阻等测试结果，不用者不填					
测试参数					
标准描述					
测试结果					
是否正常					
波形测试结果，不用者不填					
波形名称	标准波形（注意单位）		实测波形（请圈出异常位置）		
分析测试结果，必要时简单修复，并做进一步诊断（或验证）					

续表

5.基于以上诊断结论，选择测量点，实施测量，确定故障所在				得分
测试对象				
测试条件		使用设备		
数据流、执行元件诊断、电压、电阻等测试结果，不用者不填				
测试参数				
标准描述				
测试结果				
是否正常				
波形测试结果，不用者不填				
波形名称	标准波形（注意单位）		实测波形（请圈出异常位置）	
分析测试结果，必要时简单修复，并做进一步诊断（或验证），不用者不填				

续表

6. 基于以上诊断结论，选择测量点，实施测量，确定故障所在					得分
测试对象					
测试条件			使用设备		
数据流、执行元件诊断、电压、电阻等测试结果，不用者不填					
测试参数					
标准描述					
测试结果					
是否正常					
波形测试结果，不用者不填					
波形名称	标准波形（注意单位）		实测波形（请圈出异常位置）		
分析测试结果，必要时简单修复，并做进一步诊断（或验证）					
7. 结合诊断结果，分析故障机理					

发动机无法起动故障诊断作业单 2

1. 实施功能检查，确认故障现象，推断故障范围	得分
（1）确认故障现象	
（2）绘制与故障现象相关的控制原理图	
（3）根据故障现象，判断可能原因	
2. 读取故障码，填写对该故障诊断有用的信息，不用者不填	
3. 根据上述分析及测试结果，进一步明确故障范围，确定测试突破点	

续表

4. 基于以上诊断结论，选择测量点，实施测量，确定故障所在				得分
测试对象				
测试条件		使用设备		
数据流、执行元件诊断、电压、电阻等测试结果，不用者不填				
测试参数				
标准描述				
测试结果				
是否正常				
波形测试结果，不用者不填				
波形名称	标准波形（注意单位）		实测波形（请圈出异常位置）	
分析测试结果，必要时简单修复，并做进一步诊断（或验证）				

续表

5. 基于以上诊断结论，选择测量点，实施测量，确定故障所在					得分
测试对象					
测试条件			使用设备		
数据流、执行元件诊断、电压、电阻等测试结果，不用者不填					
测试参数					
标准描述					
测试结果					
是否正常					
波形测试结果，不用者不填					
波形名称	标准波形（注意单位）		实测波形（请圈出异常位置）		
分析测试结果，必要时简单修复，并做进一步诊断（或验证），不用者不填					

续表

6. 基于以上诊断结论，选择测量点，实施测量，确定故障所在				得分
测试对象				
测试条件		使用设备		
数据流、执行元件诊断、电压、电阻等测试结果，不用者不填				
测试参数				
标准描述				
测试结果				
是否正常				
波形测试结果，不用者不填				
波形名称	标准波形（注意单位）		实测波形（请圈出异常位置）	
分析测试结果，必要时简单修复，并做进一步诊断（或验证）				
7. 结合诊断结果，分析故障机理				

发动机运转不良故障诊断作业单 1

1. 实施功能检查,确认故障现象,推断故障范围	得分
(1)确认故障现象	
(2)绘制与故障现象相关的控制原理图	
(3)根据故障现象,判断可能原因	
2. 读取故障码,填写对该故障诊断有用的信息,不用者不填	
3. 根据上述分析及测试结果,进一步明确故障范围,确定测试突破点	

续表

4. 基于以上诊断结论，选择测量点，实施测量，确定故障所在					得分
测试对象					
测试条件			使用设备		
数据流、执行元件诊断、电压、电阻等测试结果，不用者不填					
测试参数					
标准描述					
测试结果					
是否正常					
波形测试结果，不用者不填					
波形名称	标准波形（注意单位）		实测波形（请圈出异常位置）		
分析测试结果，必要时简单修复，并做进一步诊断（或验证）					

续表

5.基于以上诊断结论，选择测量点，实施测量，确定故障所在				得分
测试对象				
测试条件		使用设备		
数据流、执行元件诊断、电压、电阻等测试结果，不用者不填				
测试参数				
标准描述				
测试结果				
是否正常				
波形测试结果，不用者不填				
波形名称	标准波形（注意单位）		实测波形（请圈出异常位置）	
分析测试结果，必要时简单修复，并做进一步诊断（或验证），不用者不填				

续表

6. 基于以上诊断结论，选择测量点，实施测量，确定故障所在					得分
测试对象					
测试条件			使用设备		
数据流、执行元件诊断、电压、电阻等测试结果，不用者不填					
测试参数					
标准描述					
测试结果					
是否正常					
波形测试结果，不用者不填					
波形名称	标准波形（注意单位）		实测波形（请圈出异常位置）		
分析测试结果，必要时简单修复，并做进一步诊断（或验证）					
7. 结合诊断结果，分析故障机理					

发动机运转不良故障诊断作业单 2

1. 实施功能检查,确认故障现象,推断故障范围	得分
（1）确认故障现象	
（2）绘制与故障现象相关的控制原理图	
（3）根据故障现象,判断可能原因	
2. 读取故障码,填写对该故障诊断有用的信息,不用者不填	
3. 根据上述分析及测试结果,进一步明确故障范围,确定测试突破点	

续表

4.基于以上诊断结论，选择测量点，实施测量，确定故障所在					得分
测试对象					
测试条件			使用设备		
数据流、执行元件诊断、电压、电阻等测试结果，不用者不填					
测试参数					
标准描述					
测试结果					
是否正常					
波形测试结果，不用者不填					
波形名称	标准波形（注意单位）		实测波形（请圈出异常位置）		
分析测试结果，必要时简单修复，并做进一步诊断（或验证）					

续表

5.基于以上诊断结论，选择测量点，实施测量，确定故障所在		得分
测试对象		
测试条件	使用设备	
数据流、执行元件诊断、电压、电阻等测试结果，不用者不填		
测试参数		
标准描述		
测试结果		
是否正常		
波形测试结果，不用者不填		
波形名称	标准波形（注意单位）	实测波形（请圈出异常位置）	
分析测试结果，必要时简单修复，并做进一步诊断（或验证），不用者不填		

续表

6. 基于以上诊断结论，选择测量点，实施测量，确定故障所在					得分
测试对象					
测试条件			使用设备		
数据流、执行元件诊断、电压、电阻等测试结果，不用者不填					
测试参数					
标准描述					
测试结果					
是否正常					
波形测试结果，不用者不填					
波形名称	标准波形（注意单位）		实测波形（请圈出异常位置）		
分析测试结果，必要时简单修复，并做进一步诊断（或验证）					
7. 结合诊断结果，分析故障机理					

近光灯工作异常故障诊断作业单 1

1. 实施功能检查，确认故障现象，推断故障范围	得分
（1）确认故障现象	
（2）绘制与故障现象相关的控制原理图	
（3）根据故障现象，判断可能原因	
2. 读取故障码，填写对该故障诊断有用的信息，不用者不填	
3. 根据上述分析及测试结果，进一步明确故障范围，确定测试突破点	

续表

4. 基于以上诊断结论，选择测量点，实施测量，确定故障所在					得分
测试对象					
测试条件			使用设备		
数据流、执行元件诊断、电压、电阻等测试结果，不用者不填					
测试参数					
标准描述					
测试结果					
是否正常					
波形测试结果，不用者不填					
波形名称	标准波形（注意单位）		实测波形（请圈出异常位置）		
分析测试结果，必要时简单修复，并做进一步诊断（或验证）					

续表

5.基于以上诊断结论，选择测量点，实施测量，确定故障所在				得分
测试对象				
测试条件		使用设备		
数据流、执行元件诊断、电压、电阻等测试结果，不用者不填				
测试参数				
标准描述				
测试结果				
是否正常				
波形测试结果，不用者不填				
波形名称	标准波形（注意单位）		实测波形（请圈出异常位置）	
分析测试结果，必要时简单修复，并做进一步诊断（或验证），不用者不填				

续表

6. 基于以上诊断结论，选择测量点，实施测量，确定故障所在					得分
测试对象					
测试条件			使用设备		
数据流、执行元件诊断、电压、电阻等测试结果，不用者不填					
测试参数					
标准描述					
测试结果					
是否正常					
波形测试结果，不用者不填					
波形名称	标准波形（注意单位）		实测波形（请圈出异常位置）		
分析测试结果，必要时简单修复，并做进一步诊断（或验证）					
7. 结合诊断结果，分析故障机理					

近光灯工作异常故障诊断作业单 2

1. 实施功能检查，确认故障现象，推断故障范围	得分
（1）确认故障现象	
（2）绘制与故障现象相关的控制原理图	
（3）根据故障现象，判断可能原因	
2. 读取故障码，填写对该故障诊断有用的信息，不用者不填	
3. 根据上述分析及测试结果，进一步明确故障范围，确定测试突破点	

续表

4. 基于以上诊断结论，选择测量点，实施测量，确定故障所在					得分
测试对象					
测试条件		使用设备			
数据流、执行元件诊断、电压、电阻等测试结果，不用者不填					
测试参数					
标准描述					
测试结果					
是否正常					
波形测试结果，不用者不填					
波形名称	标准波形（注意单位）		实测波形（请圈出异常位置）		
分析测试结果，必要时简单修复，并做进一步诊断（或验证）					

续表

5. 基于以上诊断结论，选择测量点，实施测量，确定故障所在				得分
测试对象				
测试条件		使用设备		
数据流、执行元件诊断、电压、电阻等测试结果，不用者不填				
测试参数				
标准描述				
测试结果				
是否正常				
波形测试结果，不用者不填				
波形名称	标准波形（注意单位）		实测波形（请圈出异常位置）	
分析测试结果，必要时简单修复，并做进一步诊断（或验证），不用者不填				

近光灯工作异常故障诊断作业单 2

续表

6. 基于以上诊断结论，选择测量点，实施测量，确定故障所在					得分
测试对象					
测试条件			使用设备		
数据流、执行元件诊断、电压、电阻等测试结果，不用者不填					
测试参数					
标准描述					
测试结果					
是否正常					
波形测试结果，不用者不填					
波形名称	标准波形（注意单位）		实测波形（请圈出异常位置）		
分析测试结果，必要时简单修复，并做进一步诊断（或验证）					
7. 结合诊断结果，分析故障机理					

转向灯不亮故障诊断作业单1

1. 实施功能检查,确认故障现象,推断故障范围	得分
(1)确认故障现象	
(2)绘制与故障现象相关的控制原理图	
(3)根据故障现象,判断可能原因	
2. 读取故障码,填写对该故障诊断有用的信息,不用者不填	
3. 根据上述分析及测试结果,进一步明确故障范围,确定测试突破点	

续表

4. 基于以上诊断结论，选择测量点，实施测量，确定故障所在					得分
测试对象					
测试条件			使用设备		
数据流、执行元件诊断、电压、电阻等测试结果，不用者不填					
测试参数					
标准描述					
测试结果					
是否正常					
波形测试结果，不用者不填					
波形名称	标准波形（注意单位）		实测波形（请圈出异常位置）		
分析测试结果，必要时简单修复，并做进一步诊断（或验证）					

5. 基于以上诊断结论，选择测量点，实施测量，确定故障所在				得分
测试对象				
测试条件		使用设备		
数据流、执行元件诊断、电压、电阻等测试结果，不用者不填				
测试参数				
标准描述				
测试结果				
是否正常				
波形测试结果，不用者不填				
波形名称	标准波形（注意单位）		实测波形（请圈出异常位置）	
分析测试结果，必要时简单修复，并做进一步诊断（或验证），不用者不填				

续表

6. 基于以上诊断结论，选择测量点，实施测量，确定故障所在				得分
测试对象				
测试条件		使用设备		
数据流、执行元件诊断、电压、电阻等测试结果，不用者不填				
测试参数				
标准描述				
测试结果				
是否正常				
波形测试结果，不用者不填				
波形名称	标准波形（注意单位）		实测波形（请圈出异常位置）	
分析测试结果，必要时简单修复，并做进一步诊断（或验证）				
7. 结合诊断结果，分析故障机理				

转向灯不亮故障诊断作业单 2

1. 实施功能检查，确认故障现象，推断故障范围	得分
（1）确认故障现象	
（2）绘制与故障现象相关的控制原理图	
（3）根据故障现象，判断可能原因	
2. 读取故障码，填写对该故障诊断有用的信息，不用者不填	
3. 根据上述分析及测试结果，进一步明确故障范围，确定测试突破点	

续表

4. 基于以上诊断结论，选择测量点，实施测量，确定故障所在				得分
测试对象				
测试条件		使用设备		
数据流、执行元件诊断、电压、电阻等测试结果，不用者不填				
测试参数				
标准描述				
测试结果				
是否正常				
波形测试结果，不用者不填				
波形名称	标准波形（注意单位）		实测波形（请圈出异常位置）	
分析测试结果，必要时简单修复，并做进一步诊断（或验证）				

续表

5.基于以上诊断结论，选择测量点，实施测量，确定故障所在				得分
测试对象				
测试条件		使用设备		
数据流、执行元件诊断、电压、电阻等测试结果，不用者不填				
测试参数				
标准描述				
测试结果				
是否正常				
波形测试结果，不用者不填				
波形名称	标准波形（注意单位）		实测波形（请圈出异常位置）	
分析测试结果，必要时简单修复，并做进一步诊断（或验证），不用者不填				

续表

6.基于以上诊断结论，选择测量点，实施测量，确定故障所在					得分
测试对象					
测试条件			使用设备		
数据流、执行元件诊断、电压、电阻等测试结果，不用者不填					
测试参数					
标准描述					
测试结果					
是否正常					
波形测试结果，不用者不填					
波形名称	标准波形（注意单位）		实测波形（请圈出异常位置）		
分析测试结果，必要时简单修复，并做进一步诊断（或验证）					
7.结合诊断结果，分析故障机理					

雾灯不亮故障诊断作业单 1

1. 实施功能检查，确认故障现象，推断故障范围	得分
（1）确认故障现象	
（2）绘制与故障现象相关的控制原理图	
（3）根据故障现象，判断可能原因	
2. 读取故障码，填写对该故障诊断有用的信息，不用者不填	
3. 根据上述分析及测试结果，进一步明确故障范围，确定测试突破点	

续表

4. 基于以上诊断结论，选择测量点，实施测量，确定故障所在					得分
测试对象					
测试条件			使用设备		
数据流、执行元件诊断、电压、电阻等测试结果，不用者不填					
测试参数					
标准描述					
测试结果					
是否正常					
波形测试结果，不用者不填					
波形名称	标准波形（注意单位）		实测波形（请圈出异常位置）		
分析测试结果，必要时简单修复，并做进一步诊断（或验证）					

续表

雾灯不亮故障诊断作业单1

5.基于以上诊断结论，选择测量点，实施测量，确定故障所在				得分
测试对象				
测试条件		使用设备		
数据流、执行元件诊断、电压、电阻等测试结果，不用者不填				
测试参数				
标准描述				
测试结果				
是否正常				
波形测试结果，不用者不填				
波形名称	标准波形（注意单位）		实测波形（请圈出异常位置）	
分析测试结果，必要时简单修复，并做进一步诊断（或验证），不用者不填				

续表

6.基于以上诊断结论，选择测量点，实施测量，确定故障所在					得分
测试对象					
测试条件			使用设备		
数据流、执行元件诊断、电压、电阻等测试结果，不用者不填					
测试参数					
标准描述					
测试结果					
是否正常					
波形测试结果，不用者不填					
波形名称	标准波形（注意单位）		实测波形（请圈出异常位置）		
分析测试结果，必要时简单修复，并做进一步诊断（或验证）					
7.结合诊断结果，分析故障机理					

雾灯不亮故障诊断作业单 2

1. 实施功能检查，确认故障现象，推断故障范围	得分
（1）确认故障现象	
（2）绘制与故障现象相关的控制原理图	
（3）根据故障现象，判断可能原因	
2. 读取故障码，填写对该故障诊断有用的信息，不用者不填	
3. 根据上述分析及测试结果，进一步明确故障范围，确定测试突破点	

续表

4. 基于以上诊断结论，选择测量点，实施测量，确定故障所在				得分
测试对象				
测试条件		使用设备		
数据流、执行元件诊断、电压、电阻等测试结果，不用者不填				
测试参数				
标准描述				
测试结果				
是否正常				
波形测试结果，不用者不填				
波形名称	标准波形（注意单位）		实测波形（请圈出异常位置）	
分析测试结果，必要时简单修复，并做进一步诊断（或验证）				

续表

5. 基于以上诊断结论，选择测量点，实施测量，确定故障所在					得分
测试对象					
测试条件		使用设备			
数据流、执行元件诊断、电压、电阻等测试结果，不用者不填					
测试参数					
标准描述					
测试结果					
是否正常					
波形测试结果，不用者不填					
波形名称	标准波形（注意单位）		实测波形（请圈出异常位置）		
分析测试结果，必要时简单修复，并做进一步诊断（或验证），不用者不填					

续表

6. 基于以上诊断结论，选择测量点，实施测量，确定故障所在					得分
测试对象					
测试条件			使用设备		
数据流、执行元件诊断、电压、电阻等测试结果，不用者不填					
测试参数					
标准描述					
测试结果					
是否正常					
波形测试结果，不用者不填					
波形名称	标准波形（注意单位）		实测波形（请圈出异常位置）		
分析测试结果，必要时简单修复，并做进一步诊断（或验证）					
7. 结合诊断结果，分析故障机理					

无钥匙进入功能失效故障诊断作业单 1

1. 实施功能检查，确认故障现象，推断故障范围	得分
（1）确认故障现象	
（2）绘制与故障现象相关的控制原理图	
（3）根据故障现象，判断可能原因	
2. 读取故障码，填写对该故障诊断有用的信息，不用者不填	
3. 根据上述分析及测试结果，进一步明确故障范围，确定测试突破点	

续表

4. 基于以上诊断结论，选择测量点，实施测量，确定故障所在					得分
测试对象					
测试条件		使用设备			
数据流、执行元件诊断、电压、电阻等测试结果，不用者不填					
测试参数					
标准描述					
测试结果					
是否正常					
波形测试结果，不用者不填					
波形名称	标准波形（注意单位）		实测波形（请圈出异常位置）		
分析测试结果，必要时简单修复，并做进一步诊断（或验证）					

续表

5.基于以上诊断结论，选择测量点，实施测量，确定故障所在						得分
测试对象							
测试条件			使用设备				
数据流、执行元件诊断、电压、电阻等测试结果，不用者不填						
测试参数							
标准描述							
测试结果							
是否正常							
波形测试结果，不用者不填						
波形名称	标准波形（注意单位）				实测波形（请圈出异常位置）		
分析测试结果，必要时简单修复，并做进一步诊断（或验证），不用者不填							

续表

6. 基于以上诊断结论，选择测量点，实施测量，确定故障所在				得分
测试对象				
测试条件		使用设备		
数据流、执行元件诊断、电压、电阻等测试结果，不用者不填				
测试参数				
标准描述				
测试结果				
是否正常				
波形测试结果，不用者不填				
波形名称	标准波形（注意单位）		实测波形（请圈出异常位置）	
分析测试结果，必要时简单修复，并做进一步诊断（或验证）				
7. 结合诊断结果，分析故障机理				

无钥匙进入功能失效故障诊断作业单 2

1. 实施功能检查,确认故障现象,推断故障范围	得分
(1)确认故障现象	
(2)绘制与故障现象相关的控制原理图	
(3)根据故障现象,判断可能原因	
2. 读取故障码,填写对该故障诊断有用的信息,不用者不填	
3. 根据上述分析及测试结果,进一步明确故障范围,确定测试突破点	

续表

4. 基于以上诊断结论，选择测量点，实施测量，确定故障所在				得分
测试对象				
测试条件		使用设备		
数据流、执行元件诊断、电压、电阻等测试结果，不用者不填				
测试参数				
标准描述				
测试结果				
是否正常				
波形测试结果，不用者不填				
波形名称	标准波形（注意单位）		实测波形（请圈出异常位置）	
分析测试结果，必要时简单修复，并做进一步诊断（或验证）				

续表

5.基于以上诊断结论,选择测量点,实施测量,确定故障所在					得分
测试对象					
测试条件			使用设备		
数据流、执行元件诊断、电压、电阻等测试结果,不用者不填					
测试参数					
标准描述					
测试结果					
是否正常					
波形测试结果,不用者不填					
波形名称	标准波形(注意单位)		实测波形(请圈出异常位置)		
分析测试结果,必要时简单修复,并做进一步诊断(或验证),不用者不填					

续表

6. 基于以上诊断结论，选择测量点，实施测量，确定故障所在				得分
测试对象				
测试条件		使用设备		
数据流、执行元件诊断、电压、电阻等测试结果，不用者不填				
测试参数				
标准描述				
测试结果				
是否正常				
波形测试结果，不用者不填				
波形名称	标准波形（注意单位）		实测波形（请圈出异常位置）	
分析测试结果，必要时简单修复，并做进一步诊断（或验证）				
7. 结合诊断结果，分析故障机理				

一键起动失效故障诊断作业单 1

1. 实施功能检查，确认故障现象，推断故障范围	得分
（1）确认故障现象	
（2）绘制与故障现象相关的控制原理图	
（3）根据故障现象，判断可能原因	
2. 读取故障码，填写对该故障诊断有用的信息，不用者不填	
3. 根据上述分析及测试结果，进一步明确故障范围，确定测试突破点	

续表

4.基于以上诊断结论，选择测量点，实施测量，确定故障所在					得分
测试对象					
测试条件			使用设备		
数据流、执行元件诊断、电压、电阻等测试结果，不用者不填					
测试参数					
标准描述					
测试结果					
是否正常					
波形测试结果，不用者不填					
波形名称	标准波形（注意单位）		实测波形（请圈出异常位置）		
分析测试结果，必要时简单修复，并做进一步诊断（或验证）					

续表

5.基于以上诊断结论，选择测量点，实施测量，确定故障所在				得分
测试对象				
测试条件		使用设备		
数据流、执行元件诊断、电压、电阻等测试结果，不用者不填				
测试参数				
标准描述				
测试结果				
是否正常				
波形测试结果，不用者不填				
波形名称	标准波形（注意单位）		实测波形（请圈出异常位置）	
分析测试结果，必要时简单修复，并做进一步诊断（或验证），不用者不填				

续表

6. 基于以上诊断结论，选择测量点，实施测量，确定故障所在				得分
测试对象				
测试条件		使用设备		
数据流、执行元件诊断、电压、电阻等测试结果，不用者不填				
测试参数				
标准描述				
测试结果				
是否正常				
波形测试结果，不用者不填				
波形名称	标准波形（注意单位）		实测波形（请圈出异常位置）	
分析测试结果，必要时简单修复，并做进一步诊断（或验证）				
7. 结合诊断结果，分析故障机理				

一键起动失效故障诊断作业单 2

	得分
1. 实施功能检查，确认故障现象，推断故障范围	
（1）确认故障现象	
（2）绘制与故障现象相关的控制原理图	
（3）根据故障现象，判断可能原因	
2. 读取故障码，填写对该故障诊断有用的信息，不用者不填	
3. 根据上述分析及测试结果，进一步明确故障范围，确定测试突破点	

续表

4. 基于以上诊断结论，选择测量点，实施测量，确定故障所在					得分
测试对象					
测试条件			使用设备		
数据流、执行元件诊断、电压、电阻等测试结果，不用者不填					
测试参数					
标准描述					
测试结果					
是否正常					
波形测试结果，不用者不填					
波形名称	标准波形（注意单位）		实测波形（请圈出异常位置）		
分析测试结果，必要时简单修复，并做进一步诊断（或验证）					

续表

5. 基于以上诊断结论，选择测量点，实施测量，确定故障所在					得分
测试对象					
测试条件		使用设备			
数据流、执行元件诊断、电压、电阻等测试结果，不用者不填					
测试参数					
标准描述					
测试结果					
是否正常					
波形测试结果，不用者不填					
波形名称	标准波形（注意单位）		实测波形（请圈出异常位置）		
分析测试结果，必要时简单修复，并做进一步诊断（或验证），不用者不填					

续表

6. 基于以上诊断结论，选择测量点，实施测量，确定故障所在				得分
测试对象				
测试条件		使用设备		
数据流、执行元件诊断、电压、电阻等测试结果，不用者不填				
测试参数				
标准描述				
测试结果				
是否正常				
波形测试结果，不用者不填				
波形名称	标准波形（注意单位）		实测波形（请圈出异常位置）	
分析测试结果，必要时简单修复，并做进一步诊断（或验证）				
7. 结合诊断结果，分析故障机理				

车窗升降器工作异常故障诊断作业单1

1. 实施功能检查,确认故障现象,推断故障范围	得分
(1)确认故障现象	
(2)绘制与故障现象相关的控制原理图	
(3)根据故障现象,判断可能原因	
2. 读取故障码,填写对该故障诊断有用的信息,不用者不填	
3. 根据上述分析及测试结果,进一步明确故障范围,确定测试突破点	

续表

4.基于以上诊断结论，选择测量点，实施测量，确定故障所在				得分
测试对象				
测试条件		使用设备		
数据流、执行元件诊断、电压、电阻等测试结果，不用者不填				
测试参数				
标准描述				
测试结果				
是否正常				
波形测试结果，不用者不填				
波形名称	标准波形（注意单位）		实测波形（请圈出异常位置）	
分析测试结果，必要时简单修复，并做进一步诊断（或验证）				

续表

5.基于以上诊断结论,选择测量点,实施测量,确定故障所在				得分
测试对象				
测试条件		使用设备		
数据流、执行元件诊断、电压、电阻等测试结果,不用者不填				
测试参数				
标准描述				
测试结果				
是否正常				
波形测试结果,不用者不填				
波形名称	标准波形(注意单位)		实测波形(请圈出异常位置)	
分析测试结果,必要时简单修复,并做进一步诊断(或验证),不用者不填				

续表

6.基于以上诊断结论，选择测量点，实施测量，确定故障所在					得分
测试对象					
测试条件			使用设备		
数据流、执行元件诊断、电压、电阻等测试结果，不用者不填					
测试参数					
标准描述					
测试结果					
是否正常					
波形测试结果，不用者不填					
波形名称	标准波形（注意单位）		实测波形（请圈出异常位置）		
分析测试结果，必要时简单修复，并做进一步诊断（或验证）					
7.结合诊断结果，分析故障机理					

车窗升降器工作异常故障诊断作业单 2

1. 实施功能检查，确认故障现象，推断故障范围	得分
（1）确认故障现象	
（2）绘制与故障现象相关的控制原理图	
（3）根据故障现象，判断可能原因	
2. 读取故障码，填写对该故障诊断有用的信息，不用者不填	
3. 根据上述分析及测试结果，进一步明确故障范围，确定测试突破点	

续表

4. 基于以上诊断结论，选择测量点，实施测量，确定故障所在					得分
测试对象					
测试条件			使用设备		
数据流、执行元件诊断、电压、电阻等测试结果，不用者不填					
测试参数					
标准描述					
测试结果					
是否正常					
波形测试结果，不用者不填					
波形名称	标准波形（注意单位）		实测波形（请圈出异常位置）		
分析测试结果，必要时简单修复，并做进一步诊断（或验证）					

续表

5. 基于以上诊断结论，选择测量点，实施测量，确定故障所在					得分
测试对象					
测试条件			使用设备		
数据流、执行元件诊断、电压、电阻等测试结果，不用者不填					
测试参数					
标准描述					
测试结果					
是否正常					
波形测试结果，不用者不填					
波形名称	标准波形（注意单位）		实测波形（请圈出异常位置）		
分析测试结果，必要时简单修复，并做进一步诊断（或验证），不用者不填					

续表

6. 基于以上诊断结论，选择测量点，实施测量，确定故障所在				得分
测试对象				
测试条件		使用设备		
数据流、执行元件诊断、电压、电阻等测试结果，不用者不填				
测试参数				
标准描述				
测试结果				
是否正常				
波形测试结果，不用者不填				
波形名称	标准波形（注意单位）		实测波形（请圈出异常位置）	
分析测试结果，必要时简单修复，并做进一步诊断（或验证）				
7. 结合诊断结果，分析故障机理				

中央门锁工作异常故障诊断作业单1

1. 实施功能检查,确认故障现象,推断故障范围	得分
(1)确认故障现象	
(2)绘制与故障现象相关的控制原理图	
(3)根据故障现象,判断可能原因	
2. 读取故障码,填写对该故障诊断有用的信息,不用者不填	
3. 根据上述分析及测试结果,进一步明确故障范围,确定测试突破点	

续表

4.基于以上诊断结论，选择测量点，实施测量，确定故障所在					得分
测试对象					
测试条件			使用设备		
数据流、执行元件诊断、电压、电阻等测试结果，不用者不填					
测试参数					
标准描述					
测试结果					
是否正常					
波形测试结果，不用者不填					
波形名称	标准波形（注意单位）		实测波形（请圈出异常位置）		
分析测试结果，必要时简单修复，并做进一步诊断（或验证）					

续表

5. 基于以上诊断结论，选择测量点，实施测量，确定故障所在					得分
测试对象					
测试条件		使用设备			
数据流、执行元件诊断、电压、电阻等测试结果，不用者不填					
测试参数					
标准描述					
测试结果					
是否正常					
波形测试结果，不用者不填					
波形名称	标准波形（注意单位）		实测波形（请圈出异常位置）		
分析测试结果，必要时简单修复，并做进一步诊断（或验证），不用者不填					

续表

6. 基于以上诊断结论，选择测量点，实施测量，确定故障所在				得分
测试对象				
测试条件		使用设备		
数据流、执行元件诊断、电压、电阻等测试结果，不用者不填				
测试参数				
标准描述				
测试结果				
是否正常				
波形测试结果，不用者不填				
波形名称	标准波形（注意单位）		实测波形（请圈出异常位置）	
分析测试结果，必要时简单修复，并做进一步诊断（或验证）				
7. 结合诊断结果，分析故障机理				

中央门锁工作异常故障诊断作业单 2

1. 实施功能检查，确认故障现象，推断故障范围	得分
（1）确认故障现象	
（2）绘制与故障现象相关的控制原理图	
（3）根据故障现象，判断可能原因	
2. 读取故障码，填写对该故障诊断有用的信息，不用者不填	
3. 根据上述分析及测试结果，进一步明确故障范围，确定测试突破点	

续表

4.基于以上诊断结论，选择测量点，实施测量，确定故障所在				得分
测试对象				
测试条件		使用设备		
数据流、执行元件诊断、电压、电阻等测试结果，不用者不填				
测试参数				
标准描述				
测试结果				
是否正常				
波形测试结果，不用者不填				
波形名称	标准波形（注意单位）		实测波形（请圈出异常位置）	
分析测试结果，必要时简单修复，并做进一步诊断（或验证）				

续表

5.基于以上诊断结论,选择测量点,实施测量,确定故障所在				得分
测试对象				
测试条件		使用设备		
数据流、执行元件诊断、电压、电阻等测试结果,不用者不填				
测试参数				
标准描述				
测试结果				
是否正常				
波形测试结果,不用者不填				
波形名称	标准波形(注意单位)		实测波形(请圈出异常位置)	
分析测试结果,必要时简单修复,并做进一步诊断(或验证),不用者不填				

续表

6.基于以上诊断结论，选择测量点，实施测量，确定故障所在					得分
测试对象					
测试条件			使用设备		
数据流、执行元件诊断、电压、电阻等测试结果，不用者不填					
测试参数					
标准描述					
测试结果					
是否正常					
波形测试结果，不用者不填					
波形名称	标准波形（注意单位）		实测波形（请圈出异常位置）		
分析测试结果，必要时简单修复，并做进一步诊断（或验证）					
7.结合诊断结果，分析故障机理					

中央门锁工作异常故障诊断作业单 3

1. 实施功能检查，确认故障现象，推断故障范围	得分
（1）确认故障现象	
（2）绘制与故障现象相关的控制原理图	
（3）根据故障现象，判断可能原因	
2. 读取故障码，填写对该故障诊断有用的信息，不用者不填	
3. 根据上述分析及测试结果，进一步明确故障范围，确定测试突破点	

续表

4. 基于以上诊断结论，选择测量点，实施测量，确定故障所在					得分
测试对象					
测试条件			使用设备		
数据流、执行元件诊断、电压、电阻等测试结果，不用者不填					
测试参数					
标准描述					
测试结果					
是否正常					
波形测试结果，不用者不填					
波形名称	标准波形（注意单位）		实测波形（请圈出异常位置）		
分析测试结果，必要时简单修复，并做进一步诊断（或验证）					

续表

5.基于以上诊断结论,选择测量点,实施测量,确定故障所在				得分
测试对象				
测试条件		使用设备		
数据流、执行元件诊断、电压、电阻等测试结果,不用者不填				
测试参数				
标准描述				
测试结果				
是否正常				
波形测试结果,不用者不填				
波形名称	标准波形(注意单位)		实测波形(请圈出异常位置)	
分析测试结果,必要时简单修复,并做进一步诊断(或验证),不用者不填				

续表

6.基于以上诊断结论，选择测量点，实施测量，确定故障所在				得分
测试对象				
测试条件		使用设备		
数据流、执行元件诊断、电压、电阻等测试结果，不用者不填				
测试参数				
标准描述				
测试结果				
是否正常				
波形测试结果，不用者不填				
波形名称	标准波形（注意单位）		实测波形（请圈出异常位置）	
分析测试结果，必要时简单修复，并做进一步诊断（或验证）				
7.结合诊断结果，分析故障机理				

电动后视镜工作异常故障诊断作业单

1. 实施功能检查，确认故障现象，推断故障范围	得分
（1）确认故障现象	
（2）绘制与故障现象相关的控制原理图	
（3）根据故障现象，判断可能原因	
2. 读取故障码，填写对该故障诊断有用的信息，不用者不填	
3. 根据上述分析及测试结果，进一步明确故障范围，确定测试突破点	

续表

4.基于以上诊断结论，选择测量点，实施测量，确定故障所在					得分
测试对象					
测试条件			使用设备		
数据流、执行元件诊断、电压、电阻等测试结果，不用者不填					
测试参数					
标准描述					
测试结果					
是否正常					
波形测试结果，不用者不填					
波形名称	标准波形（注意单位）		实测波形（请圈出异常位置）		
分析测试结果，必要时简单修复，并做进一步诊断（或验证）					

续表

5. 基于以上诊断结论，选择测量点，实施测量，确定故障所在					得分
测试对象					
测试条件		使用设备			
数据流、执行元件诊断、电压、电阻等测试结果，不用者不填					
测试参数					
标准描述					
测试结果					
是否正常					
波形测试结果，不用者不填					
波形名称	标准波形（注意单位）		实测波形（请圈出异常位置）		
分析测试结果，必要时简单修复，并做进一步诊断（或验证），不用者不填					

续表

6. 基于以上诊断结论，选择测量点，实施测量，确定故障所在				得分
测试对象				
测试条件		使用设备		
数据流、执行元件诊断、电压、电阻等测试结果，不用者不填				
测试参数				
标准描述				
测试结果				
是否正常				
波形测试结果，不用者不填				
波形名称	标准波形（注意单位）		实测波形（请圈出异常位置）	
分析测试结果，必要时简单修复，并做进一步诊断（或验证）				
7. 结合诊断结果，分析故障机理				

防盗系统不通过故障诊断作业单 1

1. 实施功能检查，确认故障现象，推断故障范围	得分
（1）确认故障现象	
（2）绘制与故障现象相关的控制原理图	
（3）根据故障现象，判断可能原因	
2. 读取故障码，填写对该故障诊断有用的信息，不用者不填	
3. 根据上述分析及测试结果，进一步明确故障范围，确定测试突破点	

续表

4. 基于以上诊断结论，选择测量点，实施测量，确定故障所在				得分
测试对象				
测试条件		使用设备		
数据流、执行元件诊断、电压、电阻等测试结果，不用者不填				
测试参数				
标准描述				
测试结果				
是否正常				
波形测试结果，不用者不填				
波形名称	标准波形（注意单位）		实测波形（请圈出异常位置）	
分析测试结果，必要时简单修复，并做进一步诊断（或验证）				

续表

5.基于以上诊断结论，选择测量点，实施测量，确定故障所在				得分
测试对象				
测试条件		使用设备		
数据流、执行元件诊断、电压、电阻等测试结果，不用者不填				
测试参数				
标准描述				
测试结果				
是否正常				
波形测试结果，不用者不填				
波形名称	标准波形（注意单位）		实测波形（请圈出异常位置）	
分析测试结果，必要时简单修复，并做进一步诊断（或验证），不用者不填				

续表

6. 基于以上诊断结论，选择测量点，实施测量，确定故障所在				得分
测试对象				
测试条件		使用设备		
数据流、执行元件诊断、电压、电阻等测试结果，不用者不填				
测试参数				
标准描述				
测试结果				
是否正常				
波形测试结果，不用者不填				
波形名称	标准波形（注意单位）		实测波形（请圈出异常位置）	
分析测试结果，必要时简单修复，并做进一步诊断（或验证）				
7. 结合诊断结果，分析故障机理				

防盗系统不通过故障诊断作业单 2

1. 实施功能检查，确认故障现象，推断故障范围	得分
（1）确认故障现象	
（2）绘制与故障现象相关的控制原理图	
（3）根据故障现象，判断可能原因	
2. 读取故障码，填写对该故障诊断有用的信息，不用者不填	
3. 根据上述分析及测试结果，进一步明确故障范围，确定测试突破点	

续表

4.基于以上诊断结论，选择测量点，实施测量，确定故障所在					得分
测试对象					
测试条件			使用设备		
数据流、执行元件诊断、电压、电阻等测试结果，不用者不填					
测试参数					
标准描述					
测试结果					
是否正常					
波形测试结果，不用者不填					
波形名称	标准波形（注意单位）		实测波形（请圈出异常位置）		
分析测试结果，必要时简单修复，并做进一步诊断（或验证）					

续表

5.基于以上诊断结论，选择测量点，实施测量，确定故障所在				得分
测试对象				
测试条件		使用设备		
数据流、执行元件诊断、电压、电阻等测试结果，不用者不填				
测试参数				
标准描述				
测试结果				
是否正常				
波形测试结果，不用者不填				
波形名称	标准波形（注意单位）		实测波形（请圈出异常位置）	
分析测试结果，必要时简单修复，并做进一步诊断（或验证），不用者不填				

续表

6. 基于以上诊断结论，选择测量点，实施测量，确定故障所在					得分
测试对象					
测试条件		使用设备			
数据流、执行元件诊断、电压、电阻等测试结果，不用者不填					
测试参数					
标准描述					
测试结果					
是否正常					
波形测试结果，不用者不填					
波形名称	标准波形（注意单位）		实测波形（请圈出异常位置）		
分析测试结果，必要时简单修复，并做进一步诊断（或验证）					
7. 结合诊断结果，分析故障机理					

ESP 系统工作不良故障诊断作业单

1. 实施功能检查，确认故障现象，推断故障范围	得分
（1）确认故障现象	
（2）绘制与故障现象相关的控制原理图	
（3）根据故障现象，判断可能原因	
2. 读取故障码，填写对该故障诊断有用的信息，不用者不填	
3. 根据上述分析及测试结果，进一步明确故障范围，确定测试突破点	

续表

4.基于以上诊断结论，选择测量点，实施测量，确定故障所在					得分
测试对象					
测试条件			使用设备		
数据流、执行元件诊断、电压、电阻等测试结果，不用者不填					
测试参数					
标准描述					
测试结果					
是否正常					
波形测试结果，不用者不填					
波形名称	标准波形（注意单位）		实测波形（请圈出异常位置）		
分析测试结果，必要时简单修复，并做进一步诊断（或验证）					

续表

5.基于以上诊断结论，选择测量点，实施测量，确定故障所在				得分
测试对象				
测试条件		使用设备		
数据流、执行元件诊断、电压、电阻等测试结果，不用者不填				
测试参数				
标准描述				
测试结果				
是否正常				
波形测试结果，不用者不填				
波形名称	标准波形（注意单位）		实测波形（请圈出异常位置）	
分析测试结果，必要时简单修复，并做进一步诊断（或验证），不用者不填				

续表

6. 基于以上诊断结论，选择测量点，实施测量，确定故障所在				得分
测试对象				
测试条件		使用设备		
数据流、执行元件诊断、电压、电阻等测试结果，不用者不填				
测试参数				
标准描述				
测试结果				
是否正常				
波形测试结果，不用者不填				
波形名称	标准波形（注意单位）		实测波形（请圈出异常位置）	
分析测试结果，必要时简单修复，并做进一步诊断（或验证）				
7. 结合诊断结果，分析故障机理				

轮胎异常磨损故障诊断作业单

1. 实施功能检查，确认故障现象，推断故障范围	得分
（1）确认故障现象	
（2）绘制与故障现象相关的控制原理图	
（3）根据故障现象，判断可能原因	
2. 读取故障码，填写对该故障诊断有用的信息，不用者不填	
3. 根据上述分析及测试结果，进一步明确故障范围，确定测试突破点	

续表

4. 基于以上诊断结论，选择测量点，实施测量，确定故障所在				得分
测试对象				
测试条件		使用设备		
数据流、执行元件诊断、电压、电阻等测试结果，不用者不填				
测试参数				
标准描述				
测试结果				
是否正常				
波形测试结果，不用者不填				
波形名称	标准波形（注意单位）		实测波形（请圈出异常位置）	
分析测试结果，必要时简单修复，并做进一步诊断（或验证）				

续表

5.基于以上诊断结论,选择测量点,实施测量,确定故障所在				得分
测试对象				
测试条件		使用设备		
数据流、执行元件诊断、电压、电阻等测试结果,不用者不填				
测试参数				
标准描述				
测试结果				
是否正常				
波形测试结果,不用者不填				
波形名称	标准波形(注意单位)		实测波形(请圈出异常位置)	
分析测试结果,必要时简单修复,并做进一步诊断(或验证),不用者不填				

续表

6.基于以上诊断结论，选择测量点，实施测量，确定故障所在					得分
测试对象					
测试条件			使用设备		
数据流、执行元件诊断、电压、电阻等测试结果，不用者不填					
测试参数					
标准描述					
测试结果					
是否正常					
波形测试结果，不用者不填					
波形名称	标准波形（注意单位）		实测波形（请圈出异常位置）		
分析测试结果，必要时简单修复，并做进一步诊断（或验证）					
7.结合诊断结果，分析故障机理					

转向沉重故障诊断作业单

1. 实施功能检查，确认故障现象，推断故障范围	得分
（1）确认故障现象	
（2）绘制与故障现象相关的控制原理图	
（3）根据故障现象，判断可能原因	
2. 读取故障码，填写对该故障诊断有用的信息，不用者不填	
3. 根据上述分析及测试结果，进一步明确故障范围，确定测试突破点	

4.基于以上诊断结论，选择测量点，实施测量，确定故障所在				得分
测试对象				
测试条件		使用设备		
数据流、执行元件诊断、电压、电阻等测试结果，不用者不填				
测试参数				
标准描述				
测试结果				
是否正常				
波形测试结果，不用者不填				
波形名称	标准波形（注意单位）		实测波形（请圈出异常位置）	
分析测试结果，必要时简单修复，并做进一步诊断（或验证）				

续表

5.基于以上诊断结论，选择测量点，实施测量，确定故障所在					得分
测试对象					
测试条件			使用设备		
数据流、执行元件诊断、电压、电阻等测试结果，不用者不填					
测试参数					
标准描述					
测试结果					
是否正常					
波形测试结果，不用者不填					
波形名称	标准波形（注意单位）		实测波形（请圈出异常位置）		
分析测试结果，必要时简单修复，并做进一步诊断（或验证），不用者不填					

续表

6.基于以上诊断结论，选择测量点，实施测量，确定故障所在					得分
测试对象					
测试条件		使用设备			
数据流、执行元件诊断、电压、电阻等测试结果，不用者不填					
测试参数					
标准描述					
测试结果					
是否正常					
波形测试结果，不用者不填					
波形名称	标准波形（注意单位）		实测波形（请圈出异常位置）		
分析测试结果，必要时简单修复，并做进一步诊断（或验证）					
7.结合诊断结果，分析故障机理					

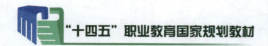

汽车综合故障诊断

主　编　李　勇
副主编　刘媛媛　张艳飞
主　审　王福忠

北京理工大学出版社
BEIJING INSTITUTE OF TECHNOLOGY PRESS

版权专有　侵权必究

图书在版编目（CIP）数据

汽车综合故障诊断 / 李勇主编. —北京：北京理工大学出版社，2019.7（2024.1重印）

ISBN 978-7-5682-7330-5

Ⅰ.①汽⋯　Ⅱ.①李⋯　Ⅲ.①汽车－故障诊断　Ⅳ.①U472.42

中国版本图书馆CIP数据核字（2019）第155518号

出版发行 / 北京理工大学出版社有限责任公司
社　　址 / 北京市海淀区中关村南大街5号
邮　　编 / 100081
电　　话 /（010）68914775（总编室）
　　　　　（010）82562903（教材售后服务热线）
　　　　　（010）68944723（其他图书服务热线）
网　　址 / http：//www.bitpress.com.cn
经　　销 / 全国各地新华书店
印　　刷 / 唐山富达印务有限公司
开　　本 / 787毫米×1092毫米　1/16
印　　张 / 16　　　　　　　　　　　　　　　　责任编辑 / 封　雪
字　　数 / 377千字　　　　　　　　　　　　　　文案编辑 / 封　雪
版　　次 / 2019年7月第1版　2024年1月第9次印刷　　责任校对 / 周瑞红
总 定 价 / 49.80元　　　　　　　　　　　　　　责任印制 / 李志强

图书出现印装质量问题，请拨打售后服务热线，本社负责调换

前　言

为贯彻落实党的二十大精神，落实立德树人根本任务，适应当前经济社会对汽车技术服务行业高素质劳动者和技术技能人才的需求，深化产教融合、校企合作，推动人才培养模式改革及信息化教学革新，体现岗课赛证综合育人理念，旨在为汽车技术服务行业培养一大批掌握理论知识与诊断技能、德才兼备的高素质技术技能人才，我们组织教师共同编写了本书。

本教材注重理论与实践的结合，以实际故障案例为项目情境引入，思路分析与故障诊断排除相结合，通过大量的验证性试验归结出相对规范的诊断流程，诊断流程体现故障排除思路及规范性操作，每个任务都配有故障现象、诊断过程、测量过程相关的图片、视频等学习资源，学习者可通过扫描二维码观看，方便自主学习。

本书既可以作为汽车运用与维修技术、汽车检测与维修技术、汽车电子技术等相关专业的教学用书，也可供从事汽车维修服务的技术人员或汽车爱好者自主参阅。

本书共从以下6个方面对汽车综合故障诊断进行了阐述，分别是汽车综合故障诊断基础、发动机系统故障诊断、灯光系统故障诊断、舒适系统故障诊断、防盗系统故障诊断、底盘典型故障诊断。学习任务的设置主要围绕一汽大众迈腾B8轿车常见故障展开，详细描述了故障现象，记录了诊断与测量过程，进行了机理分析等，每个学习任务后面都附有故障诊断作业单，可供学生拓展故障时使用，并方便教师考核。

本书由李勇担任主编，刘媛媛、张艳飞担任副主编，王福忠教授担任主审。教材编写分工如下：项目1、项目2由李勇编写，项目3、项目6由张艳飞编写，项目4、项目5由刘媛媛编写。王斌、魏腾祥等参与了数据的采集与整理等工作，在此一并表示感谢。

编写组参阅了大量一汽大众汽车的维修资料，并进行了实车验证，但由于经验有限，对车辆控制逻辑认知上难免存在一定的局限性，诊断测量步骤及数据等可能存在一定偏差，如果您在使用过程中发现不妥和错误之处，恳请专家、读者予以批评指正。

编　者

目　录

项目1　汽车综合故障诊断基础 ··001

　任务1　故障诊断流程梳理及常见诊断设备使用 ································003

项目2　发动机系统故障诊断 ···015

　任务1　起动机不转故障诊断 ···017

　　子任务1　起动机不转、EPC灯不亮故障诊断 ···019

　　子任务2　起动机不转、EPC灯正常点亮故障诊断 ···022

　任务2　发动机无法起动故障诊断 ···025

　　子任务1　起动机运转、发动机无法起动故障诊断 ···026

　　子任务2　发动机起动后熄火的故障诊断 ···031

　任务3　发动机运转不良故障诊断 ···034

　　子任务1　怠速抖动故障诊断 ···035

　　子任务2　怠速偏高、加速不良故障诊断 ···039

项目3　灯光系统故障诊断 ···043

　任务1　近光灯工作异常故障诊断 ···045

　　子任务1　右侧近光灯不亮故障诊断 ···047

　　子任务2　灯光异常点亮故障诊断 ···049

　任务2　转向灯不亮故障诊断 ···053

　　子任务1　所有转向灯不亮故障诊断 ···055

　　子任务2　右前转向灯不亮故障诊断 ···057

　任务3　雾灯不亮故障诊断 ···060

　　子任务1　前后雾灯均不亮故障诊断 ···061

　　子任务2　后雾灯不亮故障诊断 ···063

项目 4　舒适系统故障诊断······067

任务 1　无钥匙进入功能失效故障诊断······069
子任务 1　所有车门均无法实现无钥匙进入故障诊断······071
子任务 2　车辆左后门无钥匙进入功能失效故障诊断······073

任务 2　一键起动失效故障诊断······075
子任务 1　车辆一键起动功能失效，但可以应急起动故障诊断······078
子任务 2　车辆一键起动功能及应急起动均失效故障诊断······079

任务 3　车窗升降器工作异常故障诊断······081
子任务 1　驾驶员侧车窗升降器开关故障诊断······084
子任务 2　右后车窗升降器不工作故障诊断······086

任务 4　中央门锁工作异常故障诊断······089
子任务 1　所有中央门锁均不工作故障诊断······091
子任务 2　右后中央门锁不工作故障诊断······093
子任务 3　左后中央门锁和车窗电机不工作故障诊断······095

任务 5　电动后视镜工作异常故障诊断······097

项目 5　防盗系统故障诊断······103

任务 1　防盗系统不通过故障诊断······105
子任务 1　方向盘不解锁，仪表不亮故障诊断······107
子任务 2　方向盘解锁，仪表不亮故障诊断······109

项目 6　底盘典型故障诊断······113

任务 1　ESP 系统工作不良故障诊断······115
任务 2　轮胎异常磨损故障诊断······122
任务 3　转向沉重故障诊断······128

参考文献······136

项目 1

汽车综合故障诊断基础

任务 1 故障诊断流程梳理及常见诊断设备使用

你即将毕业进入汽车故障诊断与维修岗位，在师傅的指导下进行车辆故障诊断，请熟悉维修车间故障诊断过程中用到的常见仪器设备，并能对故障诊断流程进行梳理，尝试画出故障诊断流程，初步养成故障诊断思维。

素质目标

1. 形成细致全面的故障观察方法，培养严谨认真的工作作风；
2. 养成按照规程进行故障诊断及排除的思路，树立良好的安全文明操作意识；
3. 能主动获取信息，培养团结协作与沟通交流能力。

知识目标

1. 了解汽车故障的类型、成因及变化规律；
2. 熟悉汽车故障诊断常用的方法；
3. 掌握常见汽车故障诊断仪器操作步骤及故障诊断流程。

能力目标

1. 能判断汽车常见故障的成因；
2. 能正确运用直观诊断法对汽车的某些典型故障进行初步分析诊断；
3. 能正确使用常见的故障诊断仪器。

原理分析

汽车在使用过程当中，由于种种原因，技术状况不可避免地会发生变化，动力性、经济性下降，使用可靠性降低，会导致故障的发生。汽车出现故障，就应借助一定的方法手段，利用必要的仪器设备，力求通过正确的逻辑判断，查找故障的真正原因与部位，并及时予以排除，使汽车尽快恢复其正常工作状态，保持车辆良好的技术状况，以利于延长汽车的使用寿命。

一、汽车故障诊断基础

汽车故障是指汽车部分或完全丧失工作能力的现象。绝大多数汽车故障的发生，都是由汽车零部件本身或零部件之间配合状态发生的问题引起的。

1. 汽车故障的分类

1）按故障造成的性质分类

（1）自然故障：汽车在正常使用和维护的条件下，由于不可抗拒的原因而形成的故障。例如零部件在使用的过程中产生的自然磨损、疲劳、变形、老化等。

（2）人为故障：由于人为原因而造成的故障，如使用了不合格的配件、维修时未按技术规程装配、使用操作失误等。

2）按丧失工作能力程度分类

（1）局部故障：汽车部分系统或总成丧失工作能力，而其他系统功能正常，不影响正常行驶。

（2）完全故障：指导致汽车完全丧失工作能力的故障，尽管故障只发生在某一系统或总成。

3）按故障的严重程度分类

（1）一般故障：能及时、较方便排除的故障，或不影响行驶的故障，一般不会导致部件和总成的严重损坏，可通过更换零部件在较短时间内排除。

（2）严重故障：影响汽车行驶的故障，或会造成严重后果的故障，可能导致主要零部件的严重损坏，不能在短时间内更换零部件排除。

4）按故障的形成速度分类

（1）突发性故障：在发生故障前没有可以觉察的征兆，故障现象是突然出现的，这是各种不利因素以及偶然的外界影响共同作用的结果，这种作用超出了部件或总体所能承受的限度而导致故障发生，故障一经发生，工作状况急剧恶化，如轮胎爆裂、正时皮带断裂等。

（2）渐变性故障：现象的发生是循序渐进的，其故障程度是由弱到强逐渐形成的，随着使用时间的延长，故障逐渐显现，故障出现后一般可以继续行驶一段时间再进行修理，如发动机异响、油耗增大等。

5）按故障的存在类型分类

（1）偶发性故障：故障发生后，故障现象时有时无，存在不确定性。此类故障属于不确定条件故障，因此在诊断时有时需要模拟故障发生时的工况条件或环境，获取故障诊断参数比较困难，如发动机偶发性抖动、间歇性的起动困难等故障。

（2）永久性故障：是指故障出现后，如果不经过人工排除，故障现象将始终存在。例如发动机某个气缸点火线圈损坏引起的缺缸故障。

6）按故障的影响性质分类

（1）功能故障：致使预定功能不能实现的故障，这种故障往往是由于个别零部件损坏造成的，如起动机损坏导致发动机无法起动、空调系统完全不制冷等。此类故障较为容易判断，以前有这功能，现在没有了；或者是车辆的部分功能在使用过程中有异常的变化。

（2）参数故障：某个器件工作参数超出标准值，但并未导致功能完全丧失的故障，如点火正时稍微超出标准值，但并未导致点火过早或过晚的故障现象出现。

2．汽车故障的成因

造成汽车故障的原因是多方面的，有车辆在设计或制造过程中存在的缺陷，也有来自使用者或运行环境的原因，如使用不当、维修不良等，而零部件的失效是引起汽车故障的主要原因。

1）设计和制造缺陷

汽车在设计和制造上的缺陷是汽车零部件损坏及导致汽车故障的根源之一。如某些零部件在设计时对汽车复杂的运行环境和运行状态考虑不全，导致汽车在工作时机件发生刮擦、冲击等，使机件产生损坏，从而引起汽车故障。

材料选择不当也必然会引起汽车故障。在选择零部件材料时要综合考虑其强度、硬度、韧性及耐磨、耐热、耐腐蚀等多种性能，否则由于某些方面不能满足实际要求，必然会引起故障。

制造质量不过关也可引发汽车故障。零部件制造工艺不合理、加工过程操作不当、加工及装配精度不够等，均会影响汽车零部件的机械性能，从而使汽车产生故障。

2）工作条件复杂

汽车故障与汽车零部件的工作条件有着至关重要的关系。工作条件包括受力状况和工作环境两方面。汽车零部件在工作过程中有可能承受弯曲、拉伸、压缩、扭转、冲击、振动等载荷的作用，有些零部件工作条件十分恶劣，甚至同时承受多种载荷的复合作用，当这些载荷超过零部件承受极限或载荷的作用达到一定次数时，将导致汽车零部件的失效。有些汽车零部件在不同工作介质及工作温度下工作，这将引起零部件的应力变形、磨损、腐蚀及材料性质发生变化等，导致故障的发生。

3) 使用维护不当

汽车的使用寿命和故障发生率在很大程度上取决于对汽车的使用与维护。汽车在使用过程中应遵循合理使用、定期检测、强制维护、及时修理的原则，以最大可能保持车辆的技术状况，延长使用寿命。使用中违反操作规程、超速、超载、燃润料不合理或变质、不按规定进行定期检测及维护等均会造成汽车零部件的不必要损坏。

4) 自然失效

失效是指机件在载荷（包括机械载荷、热载荷、腐蚀及综合载荷等）作用下丧失最初规定的功能。汽车在使用过程中，其零部件材料自然会发生渐进性的变化，使零部件的形状、尺寸、表面乃至内在质量、配合副的相互位置及配合性质等产生不可逆转的变化，造成零部件、总成及整车技术状况下降，严重的还会因零部件的断裂等造成行车事故，带来不可估量的损失。材料的自然失效，尤以橡胶和塑料最为严重，因此在进行总成修理时，必须按维修资料的规定及时更换相关的橡胶类零部件，如橡胶密封圈、垫片等。

3. 汽车故障的变化规律

汽车故障的变化规律可以用汽车的故障率随汽车行驶里程的变化关系来表示，汽车故障率是衡量汽车可靠性的一个重要指标。汽车故障的变化规律曲线如图1-1所示。

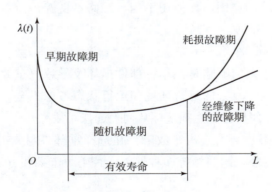

图1-1 汽车故障的变化规律曲线

1) 早期故障期

汽车的早期故障期相当于汽车的磨合期。在此阶段，由于汽车零部件的磨损量较大，因此故障率较高，但总的趋势是在这段时期内，随着汽车行驶里程的增加，汽车的故障率逐渐降低。

2）随机故障期

随着早期故障期的结束，零部件的磨损进入稳定时期。在此阶段，汽车及总成的技术状况处于最佳状态，故障率低而且相对稳定，故称随机故障期。随机故障期是汽车的有效使用时期。在随机故障期，故障的发生是随机性的，一般是由材料隐患、超载运行、制造缺陷、润滑不良、使用不当及维护欠佳等因素所致。

3）耗损故障期

随机故障期结束后，大部分零部件磨损量过大，加之交变载荷长期作用及零部件老化，各种条件均不同程度恶化，使磨损量急剧增加，汽车及各总成状况急剧变差，故障率迅速上升。此时，应及时进行维修，以免导致汽车及总成损坏，甚至出现严重事故。因此，在实际使用中，必须以汽车故障率曲线为依据，制定出合理的维修周期，以恢复汽车的使用性能。

二、汽车故障的常见诊断方法

1. 直观诊断法

汽车故障的直观诊断也称人工诊断或经验诊断，是通过直观检查和道路试验的方法来确定汽车的技术状况与故障部位。这种诊断方法不需要专用设备，依赖于技术人员丰富的实战经验，主要是维修人员的观察、感觉，适用于查找比较明显的故障。

直观诊断法受维修人员经验和对诊断车辆的熟悉程度限制，诊断结果差别较大。经验丰富的诊断专业人员，可以利用直观诊断法诊断出汽车及各总成可能出现的绝大多数故障。在诊断无故障码故障或用检测设备难以诊断的疑难故障方面，直观诊断法具有其他各种诊断法无可比拟的优点。

直观诊断法可以概括为问、看、听、嗅、摸、试六种方法。

（1）问。问就是调查。车辆诊断时，应首先要向客户询问故障症状及故障发生时的条件，并同时记录车辆的行驶里程、行驶状况、行驶条件、维修情况等。即使是经验丰富的维修技术人员，不问明情况就盲目诊断，也会影响到诊断速度和质量。因此，详细的问诊记录有助于维修人员作出快速准确的诊断。

（2）看。看就是通过对相关部位的观察，发现车辆比较明显的异常现象，如变形、磨损、泄漏、破损等，从而直接判断出故障所在。

（3）听。听就是听声响，从而确定哪些是异常响声；汽车整车及各总成、各系统在正常工作时，发出的声音一般都是有一定规律的，通过仔细辨别能大致判断出声音是否正常，从而判断异响的部位和故障所在。

（4）嗅。嗅就是凭借汽车故障部位散发的特殊气味来诊断故障，有些故障出现后，会产生比较特殊的气味，据此可以准确地判断故障部位所在。如电路短路的焦味、制

动片异常磨损的焦味、燃烧不完全的油烟味等。

（5）摸。摸就是用手触试，可以直接感觉到故障部位的发热情况、振动情况、漏气及机件灵活程度等，从而判断出部件工作是否正常。

（6）试。试就是试验验证。如维修技术人员通过亲自试车去体验故障的发生状况、更换零部件法来证实故障的部位等。

2．利用随车故障自诊断系统进行诊断

现在车辆都具有随车自诊断系统，在车辆运行过程中，控制单元可对系统各部件进行检测，能及时地检测出电子控制系统出现的故障，并可以用默认值替代不正常的传感器数据，以保证系统能够持续运转。控制单元将故障信息以代码的形式存储在控制模块内，同时还可以显示故障代码出现时相关的数据参数。仪表上会同时点亮故障指示灯，提醒驾驶员电子控制系统已出现故障。维修时，技术人员可将存入存储器的故障代码调出，根据故障代码的含义进行快速诊断与排除。

3．利用诊断仪器进行诊断

伴随着汽车智能化、网联化的发展趋势，传统上靠人工进行故障诊断的方法已经不再完全适合维修的需要，往往需要技术人员借助各种检测设备准确获取能反映整车、系统、总成或元器件等工作性能的技术参数，来进一步分析故障所在。这些诊断仪器主要包括汽车专用解码器、示波器、万用表、尾气分析仪、发动机综合分析仪、无负荷测功仪、四轮定位仪、气缸压力表等。

4．利用备件替代法进行诊断

备件替代法是采用已知性能完好的元器件对怀疑部件进行替换对比的一种试验方法。4S店经常采用此类方法，备件替代法是一种行之有效的故障判断方法，但此方法要求必须用和原车零部件型号一致的备件，需要防止新件损坏。

当怀疑某个元器件发生故障时，可用一个好的元器件去替换，然后进行试验，若替换后故障消失，证明元件损坏；若故障特征没有变化，则证明故障不在此处，需进一步查找。

5．利用故障征兆模拟诊断

在故障诊断中常常会遇到偶发性故障，这种故障在平时没有明显的故障征兆，特殊条件下才会偶然出现，因此要对这种类型的故障现象进行诊断，就必须首先模拟车辆出现故障时相似的条件和环境，设法使故障特征再现。对于偶发性故障，故障征兆模拟试验是一种行之有效的诊断措施。

在进行故障征兆模拟试验时，可以进行加热、加湿、加载、加振等试验。对于只有在热车及天气炎热时才发生的间歇性故障，就可以用对元件、总成或整个车辆进行加热的方法来进行试验；对于只有在雨天或空气潮湿时才出现的故障，则可以用喷雾

器局部加湿，也可以采用喷淋器或高压水枪对整车进行淋水，来进行故障再现；对于只有在特定负载条件下才会出现的故障，则可以通过改变机械或电器负荷的办法来再现故障；有些故障只有在车辆或总成发生震动时才出现，此时可以用震动相关部件或车辆总成的方法来再现故障，以便进行测量。

6. 利用故障树进行诊断

故障树诊断法又称故障树分析法，是将导致系统故障的所有可能原因，按树枝状逐级细化的一种故障分析方法。

对于较复杂的故障，由于可能导致故障的原因较多，因此单靠经验或简单诊断，在一般情况下很难解决问题，此时必须借助于一定的仪器设备、按照一定的方法步骤，对故障进行全面细致的检查和分析，逐步排除可能的故障原因，最终找到真正的故障部位。

应用故障树诊断法的关键是建立故障树。首先在熟悉整个系统的前提下逐步分析导致故障的可能原因，然后将这些原因由总体至局部、由总成到部件、由前到后逐层排列，最后得出导致该故障的多种原因组合，用框图形式画出即为故障树。

用故障树诊断法进行故障诊断时应注意，一定要按照导致故障的逻辑关系进行逐步检查分析，否则就会出现遗漏或重复性的工作，甚至会出现查不出故障原因的现象。

7. 汽车故障诊断的基本步骤

汽车故障诊断的基本步骤是首先从问诊入手，初步了解故障症状，经过试车验证故障状态，分析故障可能成因，推理假设到最后测试验证故障点是否成立的全过程，当验证的环节证明假设的故障点不成立时，应该返回到前一个环节提出新的假设，然后再去验证。当提不出新的假设时，就要再向前一个环节进行重新分析，如果重新分析还是得不到更新的假设，就要再向前一个环节，应更加仔细地试车以发现新的特征，必要时还可以进一步重复问诊过程以了解更多的信息，重新提出新的假设并加以验证，直至发现真正的故障点为止。故障验证过程如图1-2所示。

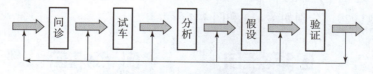

图1-2　故障验证过程

三、汽车故障诊断常用设备

汽车故障主要是由汽车技术状况的变化引起的，而汽车的技术状况是可以通过对状态参数的物理或化学特征变化的测量来反映的，因此，可用一定的诊断设备或仪器

汽车综合故障诊断

对汽车的技术状况加以诊断，从而找出汽车故障产生的原因。当前，在汽车产业智能化、网联化的发展趋势下，科研人员研发出的自主知识产权的专用诊断仪、云诊断等诊断设备和系统，为汽车诊断技术的进步提供了基础。

由于汽车故障诊断设备是根据汽车各个系统的结构特征和工作原理而专门设计的，因此其针对性比较强，一般只能用来测定某一系统或某一方面的故障参数。本书主要介绍在诊断维修过程中常见的几种检测设备。

1．汽车专用解码器

汽车专用解码器是一种汽车电控系统故障检测仪，是用来与汽车电控系统的控制模块进行数据交流的专用仪器，也是到目前为止检测汽车电控系统故障最有效的仪器。汽车专用解码器的主要功能如下：

（1）读取相关电控系统存在的故障代码。

（2）具备清除故障代码功能，使系统完全恢复正常。

（3）读取相关控制模块中的数据流，方便观察系统中传感器、执行元件等的运行数据。

（4）可以进行执行元件的测试诊断，即通过解码器直接向执行器发出动作指令，借此检查执行元件及其电路的工作状况。

（5）可通过网络进行相关系统资料的下载、更新升级等操作。

（6）有的汽车专用解码器还具有万用表、示波器、技术资料在线查找、维修技术指导、客户档案管理等功能。

目前所用的解码器按其数据流的形式可分为两种类型：专用型解码器和通用型解码器。

专用型解码器是由汽车制造厂家为检测本厂生产的汽车而专门制造或指定的、只能检测某一品牌或某一车型的解码器，而不能用来检测其他公司生产的汽车。各车型的4S店都配有厂家指定的专用型解码器，主要目的是为自己生产的汽车提供良好的售后服务。近年全国职业院校技能大赛汽车检测和维修赛项指定使用专用诊断仪VW5054、SDT929，分别如图1-3和图1-4所示。

1-1 专用电脑诊断仪 SDT929 使用方法

1-2 诊断仪 VAS6154 使用方法

项目 1 汽车综合故障诊断基础

图 1-3 故障诊断仪 VW5054

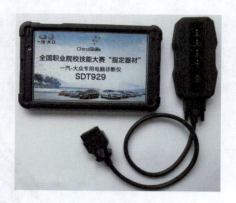

图 1-4 故障诊断仪 SDT929

通用型解码器不是由汽车生产厂家提供或指定的，而是由其他专门生产检测仪器设备的公司制造的，它可以检测不同汽车生产厂家制造的多种车型，具有通用性。对于综合性汽车维修企业来说，由于车源品种繁多，而又不可能配齐所有车型的专用解码器，因此广泛配备通用型解码器。但从故障诊断的深度和广度来讲，因为通用型解码器毕竟不是专门为检测某一特定车型而生产的，所以有些车型的相关数据检测不出来，使用时具有一定的局限性。图 1-5 所示为通用型故障诊断仪 KT600。

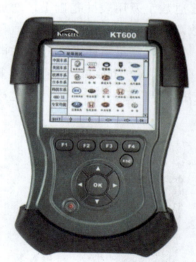

图 1-5 故障诊断仪 KT600

2. 汽车专用示波器

汽车专用示波器的作用是以电压波形曲线的显示方式，显示汽车电控相关系统的工作过程。它能将在汽车工作过程中随时间变化的各种电量进行显示和记录，也可以实时采集点火、喷油、电控系统传感器、执行元件等工作波形，还可以进行参考波形存储，并具备记录仪功能，通过对波形的分析可以准确地诊断其是否存在故障，为汽车的运行技术状况和故障诊断提供科学依据。全国高职组汽车检测与维修大赛指定使用的专用示波器 BTHP101 如图 1-6 所示。

1-3 示波器使用方法

图 1-6 示波器 BTHP101

3. 汽车专用万用表

汽车专用万用表是在普通数字万用表的基础上，增加一些适合汽车某些特性参数测试的功能，以使之更加适合汽车检测与故障诊断之用。它可以测量电路及元器件的电压、电流、电阻以及电路通断、脉宽、闭合角、占空比等多种参数，在汽车维修领域应用十分广泛。图 1-7 所示为世达 03017 数字万用表。

1-4 万用表使用方法

图 1-7 世达 03017 数字万用表

4. 发动机综合分析仪

发动机综合分析仪是一种复合型测试仪器，技术含量高、检测项目全，可全面检测、分析、判断发动机在不同工况下的工作性能及技术参数，能对多种车型所存在的机械及电子故障进行全面的分析诊断。它可以对发动机的机械系统、电气系统、点火系统、燃油喷射系统、辅助控制系统等进行全面和综合测试，并具有智能化分析测试结果的功能。现在的发动机综合分析仪测试功能越来越丰富，在实际使用过程中的价值也越来越大。图1-8所示为博世FSA740发动机综合分析仪。

5. 燃油压力表

燃油压力表用来测量燃油供给系统的压力，可以用来判断电动汽油泵、油压调节器、喷油器、进油管、回油管等燃油系统元件的工作情况，是对燃油系统进行检查和故障诊断的专用工具。燃油压力表组件一般包括表头、各车型测试接头、连接管等，如图1-9所示。

1-5 燃油压力表的使用方法

图1-8 博世FSA740发动机综合分析仪

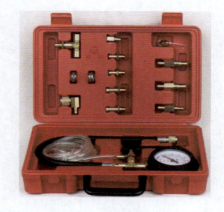

图1-9 燃油压力表

6. 四轮定位仪

四轮定位仪用于测试汽车的车轮定位参数，并可与原厂的设计参数进行对比，对车轮定位参数进行相应的调整，使其符合原设计要求，以达到理想的汽车行驶性能。

车轮定位参数的变化不但会引起汽车操纵稳定性发生变化，而且会进一步影响汽车的行驶安全性、燃油经济性、驾驶员的疲劳强度以及轮胎等零部件的使用寿命。通常情况下，可对汽车的车轮外倾角、主销后倾角、主销内倾角、前轮前束等进行测量和调整。

常见的四轮定位仪主要有光学水准定位仪、拉线定位仪、CCD（电荷耦合元件）定位仪、激光定位仪、3D影像定位仪等几种。它主要由定位仪主机及必要附件组成，如图1-10所示。

图1-10 四轮定位仪

项目 2

发动机系统故障诊断

任务 1 起动机不转故障诊断

> 某顾客的一辆迈腾 B8 2.0T 轿车，起动车辆时毫无征兆，听不到起动机的运转声音，请对车辆进行故障诊断与排除。

素质目标

1. 树立良好的安全文明操作意识，严格按照操作规程进行故障诊断及排除；
2. 培养有效沟通和团结协作能力，学会进行总结与反思。

知识目标

1. 掌握起动机控制的工作原理；
2. 掌握起动机不转的常见故障原因；
3. 掌握起动机不转的故障诊断与排除方法。

能力目标

1. 能对起动机不转的故障成因进行分析；
2. 能正确使用诊断仪器进行故障诊断与分析；
3. 能确定故障排除流程并独立排除起动机不转的常见故障。

原理解析

驾驶员进入车内，接通起动开关起动车辆时，起动机不转动，且看不到任何起动征兆，这是发动机系统常见的故障之一。正常情况下，起动车辆时，发动机控制单元会控制起动继电器吸合工作向起动机提供控制电流，从而控制起动机工作。

对于迈腾 B8 轿车，当变速器挡位处于 P 或 N 时，踩下制动踏板，按下起动装置按钮 E378，车辆起动信息通过进入及起动系统接口 J965 并传输给发动机控制单元 J623，J623 在自身供电及搭铁正常的情况下控制起动继电器 J906、J907 的线圈搭铁，继电器吸合，并通过保险丝供电给起动机线圈端子，控制起动机工作，带动发动机曲轴运转。

针对起动机不转的故障现象，我们一般从起动机的控制、起动机电源和起动机本身等方面进行诊断。

迈腾 B8 轿车起动机控制如图 2-1 所示。

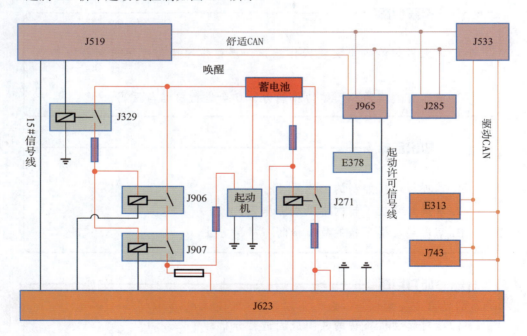

图 2-1 迈腾 B8 轿车起动机控制

J519—车载电网控制单元；J533—数据总线诊断接口；J285—组合仪表控制单元；
J965—进入及起动系统接口；J623—发动机控制单元；J743—双离合器变速箱机械电子单元；
E313—选挡杆；E378—起动装置按钮；J329—端子 15 供电继电器；J906—起动继电器 1；
J907—起动继电器 2；J271—主继电器

项目 2 发动机系统故障诊断

• 子任务 1　起动机不转、EPC 灯不亮故障诊断 •

一、故障现象

打开点火开关，仪表点亮，但 EPC 灯和制动指示灯不亮；踩制动踏板时，外部制动灯不亮；仪表文本提示变速器损坏故障。起动发动机时，起动机不转。仪表状态如图 2-2 所示。

图 2-2　仪表状态

二、故障诊断与排除

1. 故障分析

打开点火开关，仪表能正常点亮，说明 J51915 的端子被激活，全车由端子 15 供电，舒适总线能正常通信；EPC 灯不亮，说明 J623 不符合工作条件、未能进行自检或至 J285 仪表的通信存在故障；仪表文本提示变速器损坏，说明网络通信异常或关键信号缺失。下一步连接诊断仪，读取发动机控制模块的通信状况，验证其工作状况。

2. 故障诊断过程

1）连接诊断仪，读取故障码

连接诊断仪，打开点火开关，发现 01 发动机电控系统无法进入；已安装系统的故障读取状态如图 2-3 所示。

2-1　EPC 指示灯不亮故障状态读取

一汽大众>>所有系统 >> 已安装系统(仅限CAN)	
01-发动机电控系统	状态:无法进入
02-变速箱电控系统	状态:发生故障
03-制动电子装置	状态:发生故障
08-空调/暖风电子装置	状态:发生故障
09-电子中央电气系统	状态:发生故障
15-安全气囊	状态:发生故障
16-转向柱电子设备	状态:正常
17-仪表板	状态:发生故障
19-数据总线诊断接口	状态:发生故障
2B-转向柱锁止装置	状态:发生故障

图 2-3 已安装系统的故障读取状态

进入 19—数据总线诊断接口，读取故障码：131702 发动机控制单元无通信；

进入 02—变速箱电控系统，读取故障码：10679 发动机控制单元无通信。如图 2-4、图 2-5 所示。

统(仅限CAN) >> 19-数据总线诊断接口　　状态:发生故障 >> 读取故障码

故障码	描述	状态
131702	发动机控制单元，无通信	主动的/静态的

图 2-4 数据总线诊断接口故障码读取

统(仅限CAN) >> 02-变速箱电控系统　　状态:发生故障 >> 读取故障码

故障码	描述	状态
10679	发动机控制单元, 无通信	主动的/静态的

图 2-5 变速箱电控系统故障码读取

综合以上信息提示，只有发动机控制模块本身无法通信，同时其他模块存在与发动机控制单元无通信的故障代码，说明发动机控制模块自身未能正常工作或数据通信存在异常，下一步首先测量 J623 的供电与搭铁状态，以确保其工作条件，也可先测量动力 CAN 总线通信状态，其工作原理如图 2-6 所示。

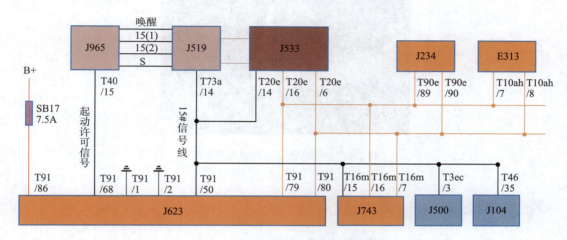

图 2-6　发动机无法通信工作原理图

J965—进入及起动系统接口；J519—车载电网控制单元；J533—数据总线诊断接口；
J623—发动机控制单元；J743—双离合器变速箱机械电子单元；E313—选挡杆；
J234—安全气囊控制单元；J500—助力转向控制单元；J104—ABS 控制单元

2）测量 J623 发动机控制单元供电与搭铁状态

打开点火开关，使用万用表测量 T91/86、T91/1、T91/2 的对地电压。实测 T91/86 对地电压为 1.35 V；T91/1 和 T91/2 对地电压均为 0 V。

说明发动机控制单元 J623 的 T91/86 端子未接收到来自 SB17 保险的常供电电源，下一步应检测其上游供电线路。

2-2　EPC 灯不亮故障测量过程

3）测量 SB17 保险工作电压

打开点火开关，使用万用表，测量 SB17 两端电压，输入端对地电压为 12.42 V，如图 2-7 所示；而测量其输出端对地电压为 1.35 V。保险输出端电压同下游线路 T91/86 端子对地电压等高，而 SB17 保险两端存在近 12 V 压降，初步判定为保险损坏。

4）测量 SB17 保险电阻

取下 SB17 保险，测量其电阻值，实测值为无穷大，判定为保险断路损坏。

3. 诊断结论

SB17 保险断路损坏，导致发动机控制单元 J623 无常供电而不能正常工作，从而导致其不能控制起动机的工作，造成此故障的发生。

图 2-7　测量 SB17 保险输入端电压

针对起动机不转同时伴随 EPC 灯不亮的故障现象，我们还可以从发动机控制单元 J623 网络、搭铁线路故障等着手考虑。搭铁线路故障会同时引起冷却风扇的异常转动，而网络故障可从发动机控制单元 J623 自身的通信状况好坏或是多个动力（总线）CAN 上的控制单元是否同时不能进入着手考虑，可根据不同的现象表现形式制定合理的故障诊断步骤。

● 子任务 2　起动机不转、EPC 灯正常点亮故障诊断 ●

一、故障现象

打开点火开关，仪表点亮，EPC 指示灯正常点亮；起动发动机时，起动机不转。

二、故障诊断与排除

1. 故障分析

打开点火开关，仪表能正常点亮，说明车载电网控制单元 J519 的端子 15 被激活，全车由端子 15 供电，舒适总线能正常通信；EPC 指示灯亮起，说明发动机控制单元 J623 接收到相关信息完成自检并能通过网络发送到组合仪表控制单元 J285 进行显示。起动时，起动机不转，说明起动机控制系统电路、供电、搭铁及起动机自身可能存在故障。

连接诊断仪,读取发动机控制单元J623内是否存在起动机故障指示,以便为进一步的测量诊断提供方向,部分起动机控制电路如图2-8所示。

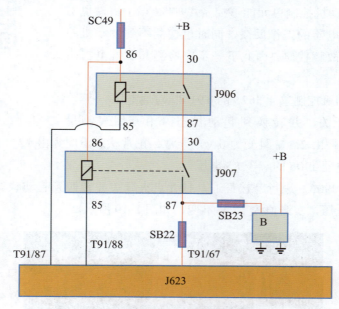

图2-8 部分起动机控制电路

J623—发动机控制单元;J906—起动继电器1;J907—起动继电器2

2. 故障诊断过程

1)连接诊断仪,读取故障码

连接诊断仪,打开点火开关,进入发动机控制单元J623,读取到如图2-9所示的故障码。

2-3 故障码读取

故障码	描述	状态
15289	启动,起动机继电器,断路	主动的/静态的

图2-9 读取故障码

根据故障码可知，在打开点火开关时，发动机控制单元 J623 的 T91/87 端子未接收到 +B 高电位，并由此引起在起动状态时，即使发动机控制单元能够控制 T91/87 端子搭铁也不能接收到两个继电器的工作反馈，同时也检测不到发动机的转速，故生成此故障代码，因此下一步应检测起动继电器线圈的控制回路。

2-4 起动机不转故障诊断测量过程

2）测量发动机控制单元 J623 的 T91/87 对地电压

打开点火开关，并转换到起动状态，用万用表测量 T91/87 对地电压：由 2.5 V 跳变为 0 V，异常；正常状态下应为由 12 V 跳变为 0 V。

3）测量继电器 J906 的端子 85 电压

取下继电器 J906，进行跨接三通，打开点火开关并转换到起动状态时，使用万用表测量端子 85 电压，实测值为 12 V 不变，如图 2-10 所示。

图 2-10 测量继电器端子电压

3．诊断结论

在起动状态下，起动继电器 J906 的端子 85 至发动机控制单元 J623 的 T91/87 之间线路存在 12 V 压降，故判定为断路。此断路故障导致继电器 J906 不工作以及其下游的 J907、SB22、SB23、起动机等均无工作电压，造成起动机不转。

发动机控制单元可以监控起动继电器的控制回路状态、起动继电器的工作状态反馈、起动机是否运转等，并在出现相应的异常时储存相应的故障代码，起动马达继电器电路电器故障、起动继电器 2 断路等，同学们可在此相关线路上设置故障，查看故障表现形式、梳理故障类型并尝试排除。

任务 2 发动机无法起动故障诊断

任务描述

某客户的一辆迈腾 B8 2.0T 轿车，起动车辆时能听见起动机运转声音，但是车辆无法起动，请对车辆故障进行诊断与排除。

素质目标

1. 具备良好的安全文明操作意识，按规程进行故障诊断及排除；
2. 能主动获取信息，培养团结协作与沟通交流能力。

知识目标

1. 掌握影响起动的有关点火、喷油、电子控制系统等的工作原理；
2. 掌握常见的发动机不能起动的故障原因。

能力目标

1. 能针对车辆具体故障现象使用诊断仪进行故障初检；
2. 能使用诊断仪、示波器、万用表等常见设备进行故障检测；
3. 独立排除起动机运转但发动机不能起动的常见故障。

原理解析

在起动发动机时，可能出现起动机能正常运转而发动机无任何着车迹象，以及发动机起动后马上熄火或者是慢慢熄火，这两种现象发动机都不能保持持续运转，我们都归结为发动机无法起动故障。在排除此类故障时，通常围绕发动机所有气缸不能同时燃烧来进行诊断，即进排气、燃油控制、点火控制三个方面。以下两个学习任务对迈腾轿车的燃油和点火两个方面引起的故障进行分析与诊断。

子任务1 起动机运转、发动机无法起动故障诊断

一、故障现象

打开点火开关，仪表正常点亮，未发现异常指示；起动时，起动机运转有力，发动机无任何着火迹象。

二、故障诊断与排除

1. 故障分析

起动时，起动机运转有力，发动机无任何着火迹象，说明起动系统正常，故障可能在燃油系统、点火系统、进排气及相关重要信号等方面。应先读取故障代码及异常数据流为下一步的诊断分析提供依据。

2. 故障诊断过程

1）连接诊断仪，读取故障码

连接诊断仪，打开点火开关，读取发动机控制单元 J623 内是否存在故障代码，发现无相关故障码显示。

2）读取相关数据流

打开点火开关，读取油压实际值，以判断系统油压是否存在异常。如图 2-11 所示，选择燃油高低压实际值，诊断仪显示低压油压 519.10kPa、高压油压 18 070 kPa，此油压在正常的范围内，且在起动状态下，油压未发现异常变化，初步判定系统高、低压油压无异常。

2-5 读码、数据流及动作测试

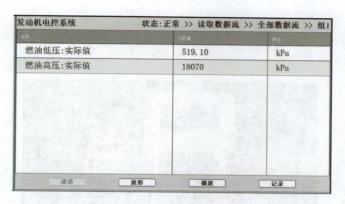

图 2-11　燃油压力读取

3）动作测试

接下来使用诊断仪对四个气缸的高压喷油器进行执行元件测试，以验证高压喷油器能否被驱动，如若被驱动，则可初步排除燃油系统故障。动作测试发现，四个高压喷油器测试指令均能执行，且在高压喷油器附近能听到其工作声音，其测试过程如图2-12 和图 2-13 所示。

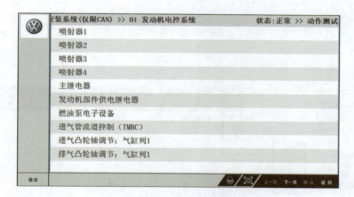

图 2-12　高压喷油器动作测试

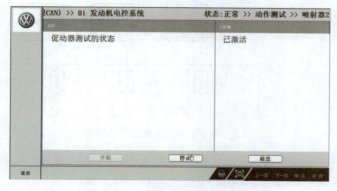

图 2-13　高压喷油器测试激活

4）检测点火线圈的初级线圈供电

打开点火开关，采用连接三通或背插的方式，分别测量气缸 1 点火线圈 T4u/4、气缸 2 点火线圈 T4t/4 供电情况。实测值电压均为 0 V。如图 2-14 所示。

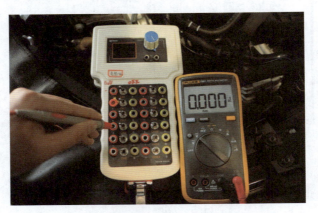

图 2-14　气缸 2 点火线圈供电测量

根据此测量值及故障现象，推断应该为所有的点火线圈都不工作，根据电路图 2-15，下一步检查其上游发动机部件供电继电器 J757 的端子 87 输出电压。

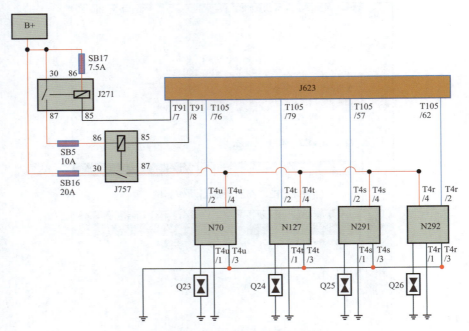

图 2-15　发动机点火系统电路图

J623—发动机控制单元；J271—主继电器；N70—带功率输出级的点火线圈 1；
N127—带功率输出级的点火线圈 2；N291—带功率输出级的点火线圈 3；
N292—带功率输出级的点火线圈 4

5）测量继电器 J757 工作状态时的输出电压

取下继电器 J757，连接继电器测量三通，打开点火开关，测量继电器 J757 的端子 87 输出电压，如图 2-16 所示，实测为 0 V，异常。

2-6　诊断测量过程

图 2-16　继电器 J757 的端子 87 输出电压测量

6）测量继电器 J757 的动力输入及控制回路电压

打开点火开关，分别测量继电器 J757 端子 30/85/86 的对地电压，如图 2-17 所示。实测电压如下：端子 30、86 为 12.2 V；端子 85 为 0 V。

图 2-17　继电器 J757 端子 30 的电压测量

以上电压值符合继电器工作条件，而继电器无电压输出，判定为继电器 J757 损坏，为了进一步确定损坏部位，可进行单件测试。

7）继电器 J757 单件测试

取下继电器 J757，选取万用表欧姆挡，测量继电器 J757 端子 85 和 86 之间的线圈电阻，实测值为 113Ω，阻值正常，如图 2-18 所示。测量到此即可推断为继电器 J757 触点部位损坏。也可进行通电验证，即在其端子 85 和 86 之间加载 12 V 电压，测量端子 30 和 87 之间的电阻，实测值为无穷大，确认为继电器触点故障。

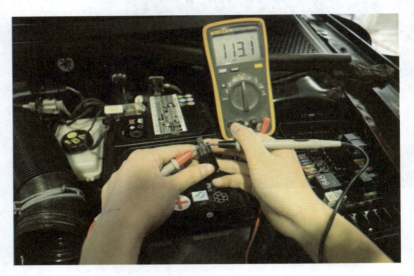

图 2-18　继电器电阻测量

3. 诊断结论

故障为发动机部件供电继电器 J757 的触点损坏，所以导致继电器无电压输出，未能向四个点火线圈初级绕组供电，从而造成发动机不能点火。

总结拓展

起动机运转但发动机无法起动现象，除了上述点火系统故障外，还应考虑燃油高压喷射系统故障。迈腾 B8 2.0T 发动机采用双喷系统，车辆起动时采用缸内直喷，进入怠速后转入低压歧管喷射，因此在故障排除时应考虑高压燃油系统故障可能导致的车辆无法起动。

此外，还应考虑曲轴位置传感器、霍尔传感器等重要传感器信息的缺失以及机械系统故障等而导致的车辆无法起动的原因。

子任务 2　发动机起动后熄火的故障诊断

一、故障现象

打开车门或打开点火开关时，油泵无预供油声音；起动发动机后，油泵无工作声音，EPC 灯点亮，发动机运转一段时间后慢慢熄火。再次起动发动机验证故障现象，发动机运转时间更短，然后熄火。

二、故障诊断与排除

1. 故障分析

在打开车门、点火开关及起动发动机时，均未听到油泵工作声音，证明油泵未被驱动；起动发动机时运转一段时间慢慢熄火，说明系统内高压燃油满足起动条件，且直喷系统高压喷嘴工作正常、点火也正常，而转入怠速后慢慢熄火，很大概率是因低压油管内油压慢慢下降所致，故应优先检查导致燃油泵不工作的故障原因。

2. 故障诊断过程

1）连接诊断仪，读取故障码

连接诊断仪，打开点火开关，进入发动机控制单元 J623，读取到如下故障码："14994：燃油泵模块促动，对地短路，主动的、静态的；14995：燃油泵模块促动，电气故障/断路，消极的、偶发的。"

2-7　故障码读取过程

清除故障码后再次读取，14994 故障码依然存在。根据故障码可知，发动机控制单元 J623 检测到自身与燃油泵控制单元 J538 之间的促动线对地短路，可能为此线路对地短路或导致燃油泵控制单元 J538 模块自身无供电等故障的原因。下一步首先测量发动机控制单元 J623 处促动信号电压是否正常，以验证故障码指示的真实性。

运行原理提示：迈腾 B8 轿车在全车网络激活的前提下，发动机控制单元 J623 即向燃油泵控制单元 J538 发出检测波，以验证燃油泵控制单元 J538 模块的工作条件以及与发动机控制单元 J623 的通信条件是否满足，若相关条件不满足，即在发动机控制单元 J623 内保存相关的故障代码并在仪表上提示。因此在这种状态下，通过波形分析就可以判断促动线路状态及燃油泵控制单元 J538 电源情况。油泵控制原理如图 2-19 所示。

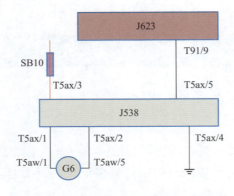

图 2-19 油泵控制原理

J623—发动机控制单元；J538—燃油泵控制单元；G6—预供油燃油泵

2）测量 J623 处促动线波形

连接示波器，打开点火开关，测量发动机控制单元 J623 的 T91/9 端子对地波形，如图 2-20 所示。而正常波形如图 2-21 所示。

2-8 诊断测量过程

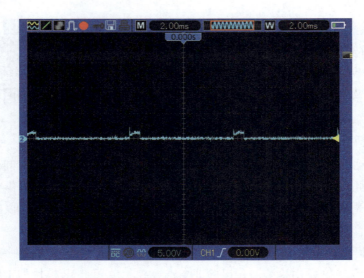

图 2-20 发动机控制单元 J623 燃油促动线波形

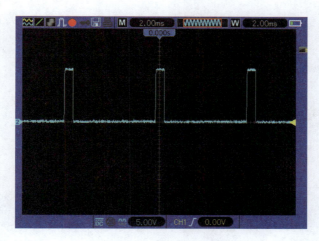

图 2-21 促动线正常波形

3）测量燃油泵控制单元 J538 是否接收到发动机控制单元 J623 发出的促动波形

连接示波器，打开点火开关，测量燃油泵控制单元 J538 的 T5ax/5 端子对地波形，以验证油泵模块是否接收到来自发动机控制模块的促动信号，实测波形同发动机控制单元 J623 端子发出一致，证明此促动线未断路，同时此波形可反映出燃油泵控制单元 J538 供电异常。

4）测量燃油泵控制单元 J538 供电状态

打开点火开关至 ON，测量燃油泵控制单元 J538 的 T5ax/3 电压：0 V，异常，标准为 12 V；

燃油泵控制单元 J538 的 T5ax/3 电压异常，下一步测量其上游 SB10 供电。

5）测量 SB10 工作状态

打开点火开关至 ON，测量 SB10 两端电压，均为 12.75 V，电压正常。

6）测量 SB10 输出端至燃油泵控制单元 J538 的 T5ax/3 线路通断

断开线路两端连接，实测此线路电阻为无穷大。

3．诊断结论

经以上测量诊断，判断为燃油泵控制单元 J538 的 T5ax/3 与 SB10 输出端之间线路断路，导致燃油泵控制单元 J538 无供电不能正常工作，从而导致即使其接收到发动机控制单元 J623 促动信号也不能控制油泵 G6 工作，从而导致此故障发生。

影响到油泵运转的故障还可围绕燃油泵控制单元 J538 的供电及搭铁、G6 油泵的控制、发动机控制单元 J623 至燃油泵控制单元 J538 的促动信号线等展开排查，同学们可在车辆上进行相应的验证与排除。

任务 3 发动机运转不良故障诊断

一辆迈腾 B8 2.0T 轿车，顾客反映车辆能正常起动，但起动后怠速转速高、声音大，且猛踩油门时加速不良，请针对此现象进行车辆故障的诊断与排除。

素质目标

1. 具备良好的安全文明操作意识，按规程进行故障诊断及排除；
2. 能主动获取信息，培养团结协作与沟通交流能力。

知识目标

1. 熟悉怠速偏高、怠速不稳、加速不良等故障表现形式；
2. 掌握发动机运转不良的故障诊断流程及常见故障原因。

能力目标

1. 能正确识别发动机运转不良的具体现象特征；
2. 能正常使用诊断仪器进行故障的初步诊断；
3. 能排除常见的发动机运转不良故障。

原理解析

发动机起动后运转状况的好坏，一般从怠速和加速两种运转状态来进行判断。发动机怠速异常，常见的主要有怠速偏高或偏低、怠速不稳抖动等现象，而造成怠速异常的主要原因为燃油及进排气异常而导致的混合气过浓或过稀、一缸或多缸点火能量下降或丧失而导致的火花弱直至失火等，最终导致燃烧异常、各缸功率不平衡，发动机平衡性下降，从而造成怠速的不稳定。

驾驶员踩加速踏板时，发动机的转速应能上升到设计的最高转速，而且加速过程响应性良好，方能说明发动机加速性能良好。发动机加速不良的常见故障主要为加速时抖动、加速时升速缓慢、无法加速到最高转速、转速不提升等。在排除加速不良故障时，应主要考虑与之相关的节气门位置信号、节气门电机动作、油门踏板信号、燃油压力调节、点火控制、进气控制等方面的影响因素。

在排除发动机运转不良故障时，应综合考虑怠速及加速异常状况，梳理诊断思路，制定合理的诊断流程并实施诊断。

子任务1 怠速抖动故障诊断

一、故障现象

起动车辆后，出现怠速抖动，并伴随加速初期抖动加剧现象，同时仪表显示 EPC 灯常亮，如图 2-22 所示。

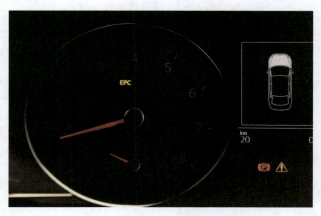

图 2-22 怠速抖动仪表显示情况

二、故障诊断与排除

1. 故障分析

由故障现象可知,发动机故障指示灯亮起,说明发动机控制单元检测到相关传感器或执行元件存在故障;发动机怠速轻微抖动且伴随加速时抖动,可能为点火、喷油、进气等系统出现故障,需要连接诊断仪做进一步的诊断。

2. 故障诊断过程

1)连接诊断仪,读取故障码

连接诊断仪,打开点火开关,起动发动机,进入发动机控制单元,先后读取到的故障码如图 2-23 所示。

2-9 故障码读取过程

仅限CAN >> 01-发动机电控系统		状态:发生故障 >> 读取故障码
故障码	描述	状态
15074	气缸压缩比	主动的/静态的
15131	气缸3,检测到不发火	主动的/静态的
15062	气缸3点火促动,点火线圈次级回路3,功能失效	主动的/静态的

图 2-23　读取故障码

根据故障码可知,发动机控制单元检测到气缸 3 点火线圈促动失效、不发火、燃烧异常,造成气缸压缩比不在正常范围内,从而出现相关故障码。可能为气缸 3 的点火控制信号、点火线圈供电、搭铁及自身等存在故障。气缸 3 点火线圈电路连接如图 2-24 所示。

2)测量气缸 3 点火线圈初级波形

连接示波器,在车辆起动状态下测量气缸 3 点火线圈 T4s/2 对地波形,异常,如图 2-25 所示。而正常波形应如图 2-26 所示,说明点火线圈未接收到发动机控制单元的点火信号。

2-10　点火促动信号测量过程

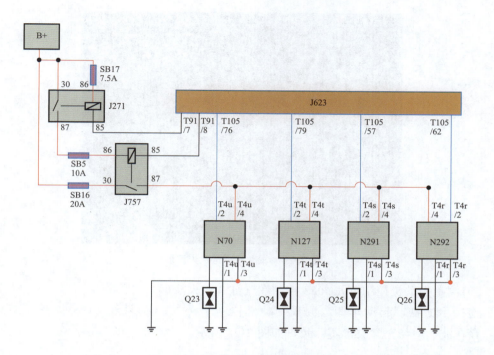

图 2-24　点火线圈电路连接图

J623—发动机控制单元；J271—主继电器；N70—带功率输出级的点火线圈 1；
N127—带功率输出级的点火线圈 2；N291—带功率输出级的点火线圈 3；
N292—带功率输出级的点火线圈 4

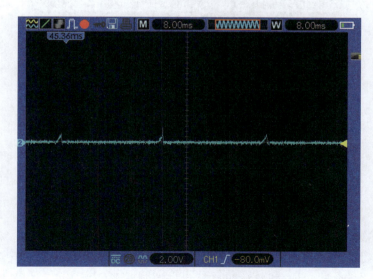

图 2-25　发动机气缸 3 点火线圈异常波形

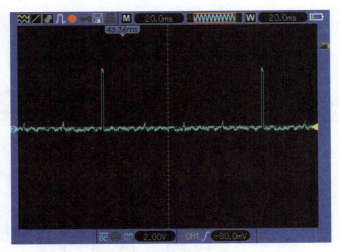

图 2-26 发动机正常点火波形

3)测量发动机控制单元 J623 控制端气缸 3 点火波形

连接示波器,起动车辆,测量发动机控制单元 J623 信号线 T105/57 端子对地波形,存在波形但与正常波形不一致,如图 2-27 所示。

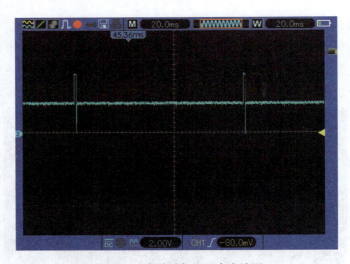

图 2-27 电脑端气缸 3 点火波形

3.诊断结论

发动机气缸 3 点火线圈 T4s/2 与发动机控制单元 J623 信号线 T105/57 端子,同一线路一端有控制波形而另一端无波形,判定此点火控制线断路,导致气缸 3 不能正常点火,造成缺缸故障;线路断路故障修复后,控制波形恢复正常,相关故障码及车辆故障现象随之消失。

针对单缸点火线圈故障导致的怠速不稳现象，还应考虑点火线圈的供电、搭铁线路故障。此外点火线圈本身、火花塞等零部件故障也可导致单缸工作不良。在将来的工作中，不仅要运用自己的专业知识对车辆"对症下药"，更要避免对汽车"小病大修"。此前，曾有记者曝光了天价汽车维修费。记者将一辆没有任何故障的 140 万元左右的奔驰 S 级轿车点火线圈插头断开，某汽车服务有限公司服务顾问给出的解决方法让人瞠目结舌：不仅建议清洗喷油嘴、清洗进气管路、更换火花塞、密封垫、密封圈等一系列维修项目，甚至还建议更换汽油滤芯。其中清洗管路，更换火花塞、密封垫等项目需花费 7 000 元，更换汽油滤芯需花费 3 000 多元，一个简单的"点火线圈插头松动"，最终需要花费 10 000 元的维修费。但是近几年在社会主义核心价值观的引领和有关部门的管理下，行业乱象得到了有效的治理。作为将来的汽车医生，要遵循敬业、诚信的价值准则，坚决不做"过度维修、小病大修、偷工减料"等违反职业道德的事情。

子任务 2 怠速偏高、加速不良故障诊断

一、故障现象

车辆起动后，怠速偏高达 1 000 r/min 左右，且伴随抖动现象；急加速时不良，空挡最高速度只能到 1 600 r/min 左右，仪表显示 EPC 灯常亮。

2-11 故障现象

二、故障诊断与排除

1. 故障分析

由故障现象可知，发动机故障指示灯亮起，说明发动机控制单元检测到相关传感器或执行元件存在故障；而发动机怠速异常且加速时达不到最高转速，可能为点火、喷油、进气、加速信号与执行元件等相关部分出现故障，还需做进一步的验证分析。

2. 故障诊断过程

1）连接诊断仪，读取故障码

连接诊断仪，打开点火开关，进入发动机控制单元，读取到的相关故障码如图 2-28 所示。

2-12 故障码读取过程

故障码	描述	状态
	(仅限CAN) >> 01-发动机电控系统　　　　状态:发生故障 >> 读取故障码	
16470	节气门电位计-G69-,不可信信号	主动的/静态的
15337	节气门电位计-G69-,过大信号	主动的/静态的
15339	节气门驱动装置角度传感器2 -G188,过大信号	主动的/静态的

图 2-28　读取故障码

根据故障码可知,发动机控制单元 J623 检测到节气门位置传感器发出的两路信号同时出现过大现象,由传感器的工作原理可知,极大可能是其公共搭铁出现故障所致。下一步优先检测发动机控制单元 J623 侧接收到的信号电压以及其为传感器提供的电源状态。迈腾 B8 轿车节气门位置传感器电路连接如图 2-29 所示。

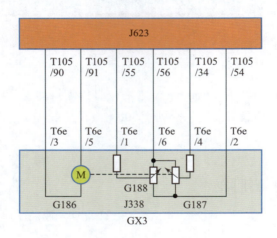

图 2-29　节气门位置传感器电路连接

J623—发动机控制单元；GX3—节气门控制单元；G186—节气门驱动装置；
G187—节气门驱动装置角度传感器 1；G188—节气门驱动装置角度传感器 2

2) 测量发动机控制单元 J623 侧相关端子电压

打开点火开关,用万用表测量信号线 T105/55、T105/34 端子对地电压,如图 2-30 所示。实测两个端子对地电压均为 4.9 V,踩油门踏板时,电压值不变。两路信号电压值均异常。

2-13　诊断测量过程

项目 2 发动机系统故障诊断

图 2-30 测量 T105/34 端子对地电压

打开点火开关，用万用表测量 T105/56、T105/54 端子对地电压，实测 T105/56：0 V，T105/54：5 V，电压均正常。

通过以上测量可知，发动机控制单元给节气门位置传感器提供的电源均正常，而接收到的位置反馈信号均异常，下一步测量传感器工作电压及信号输出状况。

3）测量节气门位置传感器相关端子电压

打开点火开关，测量 T6e/1、T6e/4 端子对地电压，实测均为 4.98 V，且不随油门踏板位置而变化。

测量 T6e/2、T6e/6 端子对地电压，实测 T6e/2：5 V，T6e/6：4.98 V。搭铁端子 T6e/6 电压异常。

3. 诊断结论

发动机控制单元 J623 的 T105/56 端子至节气门控制单元 GX3 的 T6e/6 端子断路，导致传感器搭铁异常而无法正常工作，从而使两路信号均输出高电平。线路修复后，节气门位置传感器工作恢复正常，故障指示灯熄灭、故障现象消失。

此类故障的诊断需围绕节气门位置传感器、节气门电机的工作原理而展开，故障可能出现在传感器、电机本身，也可能出现在与发动机控制单元的线路连接上，而线路上的故障应考虑断路、虚接、短接等常见问题。发动机是汽车的动力源件，是汽车的"心脏"。其结构复杂，引起故障的原因也最多样。想要解决汽车发动机系统故障，既需要有扎实的理论水平，也需要有丰富的实践经验。因此，在学习和工作时要有精

益求精的工匠精神,有迎难而上、勇于探索的劲头,还应有实事求是的态度,来不得半点虚假和侥幸。

迈腾 B8L 2.0L 汽油发动机电路图见二维码附图 2-1。

附图 2-1

项目 3

灯光系统故障诊断

任务 1
近光灯工作异常故障诊断

一辆迈腾 B8 2.0T 汽车,顾客反映近光灯工作异常,请检查近光灯并对故障进行维修。

素质目标

1. 培养学生掌握和接受新技术的能力、逻辑思维能力;
2. 严格按照工作规程进行故障诊断及排除,树立良好的安全文明操作意识。

知识目标

1. 掌握近光灯的工作原理;
2. 熟悉近光灯电路,根据电路分析近光灯常见故障产生的原因。

能力目标

1. 能正确使用测量工具;
2. 能在规定时间内排除汽车近光灯的常见故障;
3. 能够对故障机理进行分析,并提出合理化建议。

原理解析

迈腾 B8 近光灯由车载电网控制单元 J519 集中控制,整个系统包含:车灯旋转开关、左前大灯总成、右前大灯总成、组合仪表控制单元 J285、车载电网控制单元 J519 等,如图 3-1 所示。

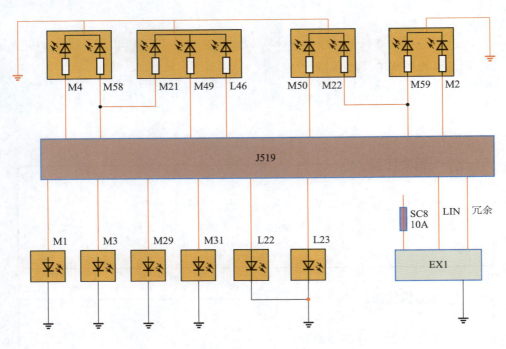

图 3-1 迈腾 B8 小灯、近光灯、雾灯电路图

EX1—车灯旋转开关;J519—车载电网控制单元;M29—左侧近光灯灯泡;M31—右侧近光灯灯泡;
M1—左侧驻车示宽灯灯泡;M3—右侧驻车示宽灯灯泡;L22—左前雾灯灯泡;L23—右前雾灯灯泡;
M4—左侧尾灯灯泡;M58—左侧制动灯和尾灯灯泡 2;M21—左侧制动信号灯和尾灯灯泡;
M49—左侧尾灯灯泡 2;L46—左侧后雾灯灯泡;M50—右侧尾灯灯泡 2;
M22—右侧制动信号灯和尾灯灯泡;M59—右侧制动灯和尾灯灯泡 2;M2—右侧尾灯灯泡

操作车灯旋转开关 EX1 至近光灯挡,近光灯信号会通过 LIN 局部互联网络传给车载电网控制单元 J519。J519 接收到此信号,会控制相应的近光灯 M29、M31 点亮。

子任务1 右侧近光灯不亮故障诊断

一、故障现象

打开点火开关，将车灯旋转开关EX1至近光灯挡位，右侧近光灯不亮，仪表显示"请检查右侧前照灯"。操作变光开关至远光灯挡位，右侧近光灯不亮。其余灯光均正常。

3-1 右前近光不亮的现象

二、故障诊断与排除

1．故障分析

由于左侧近光灯能正常点亮，说明J519能接收到灯光开关的近光灯挡位信号，故障可能在信号输出侧。由于右侧近光灯M31和远光灯M32共用搭铁，如图3-2所示，而远光灯M32正常工作，说明近光灯M31的搭铁正常。故障原因可能有以下几点：

（1）J519与右侧近光灯M31之间线路故障。

（2）近光灯M31本身故障。

（3）J519局部故障。

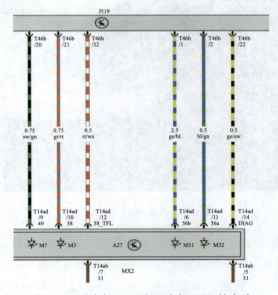

图3-2 近光灯M31和远光灯M32的电路

2．故障诊断过程

（1）连接诊断仪，读取故障码。进入电子中央电气系统读到的故障码如图 3-3 所示。

3-2　右前近光不亮的读码

图 3-3　右侧近光灯不亮的故障码

（2）测量 M31 的供电。打开点火开关，将车灯旋转开关 EX1 旋至近光灯挡位，测量右侧近光灯 M31 的供电端子 T14ad/6 的对地电压是 0 V，如图 3-4 所示，说明 M31 无供电。其供电电压由车载电网控制单元 J519 的 T46b/1 端子提供，下一步测量 J519 侧的电源输出。

图 3-4　测量 M31 的供电电压

（3）测量 J519 侧的电源输出。打开点火开关，将车灯旋转开关 EX1 旋至近光灯挡位，测量 J519 侧 T46b/1 端子对地电压是 +B，如图 3-5 所示，正常。J519 的 T46b/1 与 M31 的 T14ad/6 为同一线路，两端存在 +B 压降，说明此段线路断路。

图 3-5　测量 J519 侧的输出电压

3. 诊断结论

由于 J519 的 T46b/1 与 M31 的 T14ad/6 之间线路断路，导致右侧近光灯 M31 无法接收到来自 J519 的供电信号而不亮。修复后，右侧近光灯 M31 正常点亮。

3-3　右前近光不亮的测量

子任务 2　灯光异常点亮故障诊断

一、故障现象

打开点火开关，仪表显示"故障：车辆照明"。
（1）灯光开关在 OFF 挡位，近光灯、小灯异常点亮。
（2）操作车灯开关至小灯挡位，小灯正常，近光灯异常点亮，在此挡位操作前后雾开关，前后雾灯不亮。
（3）操作车灯旋转开关 EX1 至近光灯挡位，近光灯点亮，在此挡位操作前后雾开关，前后雾灯不亮；其余灯光均正常。

3-4　灯光异常点亮的现象

二、故障诊断与排除

1. 故障分析

由于打开点火开关，近光灯、小灯异常点亮，操作车灯旋转开关 EX1 到小灯挡，近光灯异常点亮,说明 J519 没有收到正确的灯光开关信号,使灯光系统进入应急状态。故障可能在灯光开关及相关线路,如图 3-6 所示。故障原因可能有以下几点:

(1) EX1 至 J519 之间线路故障。

(2) EX1 本身及供电、搭铁线路故障。

(3) J519 局部故障。

2.故障诊断过程

(1) 连接诊断仪,读取故障码。进入电子中央电气系统,选择读取故障码,如图 3-7 所示。

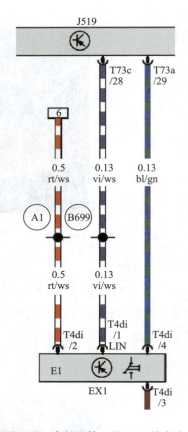

图 3-6 车灯旋转开关 EX1 的电路

图 3-7 灯异常点亮故障码

(2) 读取车灯开关数据流。进入电子中央电气系统,选择读取数据流,操作车灯旋转开关 EX1 由 OFF 挡→小灯挡→近光灯挡,得到各个挡位及冗余信号的数据流,如表 3-1 所示。

3-5 灯光异常点亮的读码

表 3-1 灯异常点亮的数据流

测试参数	OFF 挡	小灯挡	近光灯挡	冗余信号
标准描述	已按下→未按下→未按下	未按下→已按下→未按下	未按下→未按下→已按下	断开→侧灯→近光灯
测试结果	未按下	未按下	未按下	断开→侧灯→近光灯
测试结论	异常	异常	异常	正常

OFF 挡、小灯挡、近光灯挡的挡位数据均异常，但冗余信号正常。由于挡位信号靠 LIN 线传递，所以下一步检测 LIN 线信号。

（3）测量 EX1 侧 LIN 线信号。打开点火开关，用示波器测量 EX1 侧 T4di/1 端子波形，如图 3-8 所示。测得 LIN 线波形为 +B 直线，如图 3-9 所示，波形异常。

图 3-8　测量车灯旋转开关 EX1 侧 LIN 线信号

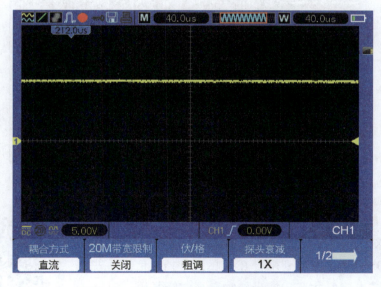

图 3-9　EX1 侧 T4di/1 端子的 LIN 线波形

（4）测量 J519 侧 LIN 线信号。打开点火开关，用示波器测量 J519 的 T73c/28 端子波形，如图 3-10 所示。经测量，波形为 0~+B 的方波，波形正常，如图 3-11 所示。LIN 线两侧波形不一致，且一端为 +B 直线，说明车灯旋转开关 EX1 侧 T4di/1 端子到 J519 侧 T73c/28 端子之间的 LIN 线断路。

图 3-10 测量 J519 侧 LIN 线信号

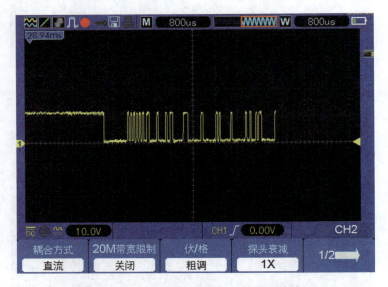

图 3-11 J519 侧 T73c/28 端子的 LIN 线波形

3. 诊断结论

由于 EX1 侧 T4di/1 与 J519 侧 T73c/28 之间的 LIN 线断路，导致 J519 无法接收到来自 EX1 的正常挡位信号，进而灯光系统进入应急状态，灯光异常点亮。修复后，应急现象消失，灯光不再异常点亮。

3-6 灯光异常点亮的测量

项目 3 灯光系统故障诊断

示宽灯的工作原理和近光灯类似。示宽灯的电路图见图 3-1。操作车灯旋转开关 EX1 至小灯挡,小灯信号会通过 LIN 线传给车载电网控制单元 J519。J519 接收到此信号,会控制左前示宽灯 M1、右前示宽灯 M3、左后尾灯 M2、右后尾灯 M4、左后尾灯 M49、右后尾灯 M50 点亮。因此,对于示宽灯故障诊断的思路、方法与近光灯的类似。

任务 2 转向灯不亮故障诊断

一辆迈腾 B8 2.0T 汽车,顾客反映转向灯工作异常,请检查转向灯并对故障进行维修。

素质目标

1. 能主动思考,对工作过程进行总结和反思,培养可持续发展的能力;
2. 严格按照工作规程进行故障诊断及排除,树立良好的安全文明操作意识。

知识目标

1. 掌握转向灯的工作原理;
2. 熟悉转向灯电路,根据电路分析转向灯常见故障产生的原因。

能力目标

1. 能正确使用测量工具；
2. 能在规定时间内查找到汽车转向灯常见故障的故障点，排除并修复验证；
3. 能够对故障机理进行分析，并提出合理化建议。

原理解析

迈腾 B8 转向灯通过车载电网控制单元 J519 集中控制，整个系统包含：左前大灯总成、右前大灯总成、左后尾灯总成、右后尾灯总成、左侧后视镜总成、右侧后视镜总成、组合仪表控制单元 J285、车载电网控制单元 J519、转向柱电子装置控制单元 J527、驾驶员侧车门控制单元 J386、副驾驶员侧车门控制单元 J387、转向信号灯开关 E2，如图 3-12 所示。

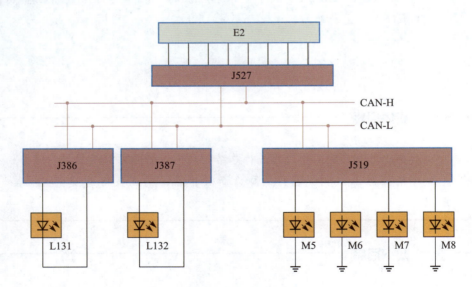

图 3-12 转向灯的控制电路

E2—转向信号灯开关；J527—转向柱电子装置控制单元；J519—车载电网控制单元；J386—驾驶员侧车门控制单元；J387—副驾驶员侧车门控制单元；L131—驾驶员侧外后视镜警告灯泡；L132—副驾驶员侧外后视镜警告灯泡；M5—左前转向信号灯灯泡；M7—右前转向信号灯灯泡；M6—左后转向信号灯灯泡；M8—右后转向信号灯灯泡

打开点火开关，将转向信号灯开关 E2 拨至左转向位置，左转向的信号会送至转向柱电子装置控制单元 J527，J527 会通过舒适 CAN 网络将信息发至车载电网控制单元 J519、组合仪表控制单元 J285、驾驶员侧车门控制单元 J386 和副驾驶员侧车门控制单元 J387。J519 会控制左前转向灯 M5、左后转向灯 M6 闪烁。J386 会控制左侧后视镜总成上的转向灯 L131 闪烁。同时，J285 会控制仪表上的左转向指示灯闪烁。

右转向灯的工作过程和左转向类似。打开点火开关，将转向信号灯开关 E2 拨至右转向位置，右转向的信号会送至转向柱电子装置控制单元 J527，J527 会通过 CAN 网络将信息发至车载电网控制单元 J519、组合仪表控制单元 J285、驾驶员侧车门控制单元 J386 和副驾驶员侧车门控制单元 J387。J519 会控制右前转向灯 M7、右后转向灯 M8 闪烁，J387 会控制右侧后视镜总成上的转向灯 L132 闪烁。同时，J285 会控制仪表上的右转向指示灯闪烁。

子任务 1　所有转向灯不亮故障诊断

一、故障现象

打开点火开关，操作转向灯开关至左、右转向灯位置，所有转向灯均不亮。打开 EX1 开关至近光灯挡，操作变光开关到远光灯，远光灯不亮。其余灯光均正常。

二、故障诊断与排除

3-7　所有转向不亮的现象

1. 故障分析

由于开启危险警告灯开关，所有的转向灯能正常工作，说明 J519 能控制前后转向灯正常点亮，J386 和 J387 也能控制后视镜上的左右转向灯正常工作，所以故障可能在信号输入侧。故障原因可能有以下几点：

（1）转向灯开关 E2 至 J527 线路故障。

（2）转向柱电子装置控制单元 J527 电源及通信故障。

（3）转向灯开关 E2、转向柱电子装置控制单元 J527 本身故障。

考虑到远光灯也不工作，而变光开关和转向灯开关都需要把开关信号传给 J527，因此优先考虑转向柱电子装置控制单元 J527 电源及通信故障。

2. 故障诊断过程

（1）连接诊断仪，读取故障码。选择转向柱电子装置控制单元 J527，发现无法进入，从网关中读取故障码，如图 3-13 所示，可能 J527 的电源或通信存在故障。

亮（仅限CAN） >> 19-数据总线诊断接口		状态:发生故障 >> 读取故障码
故障码	描述	状态
131596	失去与转向柱控制单元的通信，无通信	主动的/静态的
197169	方向盘控制单元，无通信	主动的/静态的

图 3-13 所有转向灯不亮的故障码

（2）测量 J527 的电源。用万用表测量 J527 的供电端子 T16g/1 及搭铁端子 T16g/2 的对地电压（由于 J527 的电源为 30 电，所以可以在任意条件下测量），测量发现供电端子 T16g/1 及搭铁端子 T16g/2 的对地电压均为 0 V，说明搭铁正常，但无供电。由于 SC9 是其上游供电，下一步测量供电保险 SC9。

3-8 所有转向灯不亮的读码

（3）测量保险 SC9。用万用表测得 SC9 的输入电压是 +B，输出电压是 0 V。SC9 的两端存在 +B 压降，保险电压异常，如图 3-14 所示。断电后，拔下保险 SC9，测量电阻是无穷大，说明 SC9 断路。

图 3-14 测量供电保险 SC9 电压

3．诊断结论

由于保险 SC9 断路，导致转向柱电子装置控制单元 J527 无供电，J527 不工作，因而转向灯开关信号无法处理，转向信号灯信号也就无法传给 J519、J386、J387，进而 J519、J386、J387 接收不到转向信号，遂无法控制相应的转向灯工作。修复后，打开转向灯开关，相应的转

3-9 所有转向灯不亮的测量

向灯正常工作。打开远光，远光灯也正常点亮。

子任务 2 右前转向灯不亮故障诊断

一、故障现象

打开点火开关，操作转向灯开关至右转向位置，右前转向灯 M7 不亮，仪表提示"请检查右前转向灯"。开启危险警告灯，左侧转向灯正常，右前转向灯 M7 不亮。其余灯光均正常。

3-10 右前转向灯不亮的现象

二、故障诊断与排除

1. 故障分析

由于操作转向灯开关和危险警告灯开关，右后转向灯 M8、左前转向灯 M5、左后转向灯 M6 能正常点亮，说明 J527 能接收到转向灯开关 E2 挡位信号，并且能把转向信号传至 J519，故障可能在信号输出侧。由于右前转向灯 M7 和右前小灯 M3 共用搭铁，M3 工作正常，所以暂不考虑搭铁。故障原因可能有以下几点：

（1）J519 至右前转向灯 M7 线路故障。

（2）右前转向灯 M7 本身故障。

（3）J519 局部故障。

2. 故障诊断过程

（1）连接诊断仪，读取故障码。进入电子中央电气系统，选择读取故障码，如图 3-15 所示。

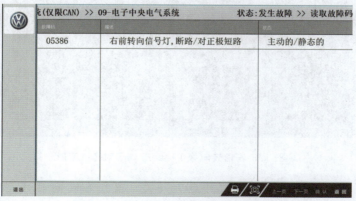

图 3-15 右前转向灯不亮的故障码

（2）测量右前转向灯 M7 侧供电信号。打开点火开关，操作右转向灯开关，测量右前转向灯 T14ad/9 端子对搭铁波形，如图 3-16 所示。测得波形为 0 V 直线，如图 3-17 所示，说明未接收到 J519 的供电信号，可能是 J519 局部故障或 J519 与右前转向灯 M7 之间线路故障。下一步测量 J519 侧供电信号。

3-11　右前转向灯不亮的读码

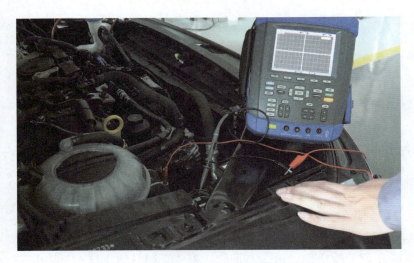

图 3-16　测量右前转向灯 M7 侧供电信号

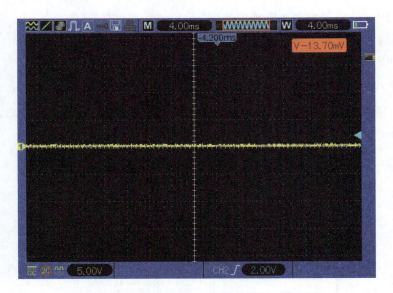

图 3-17　右前转向灯 T14ad/9 端子对搭铁波形

（3）测量 J519 侧供电信号。打开点火开关，操作右转向灯开关，测量 J519 的 T46b/20 端子对搭铁波形，如图 3-18 所示。测得波形为 0~+B 方波，如图 3-19 所示，波形正常。线路两端波形不一致,且一端为 0 V,说明 J519 的 T46b/20 端子和右前转向灯 M7 的 T14ad/9 端子之间线路断路。

图 3-18　测量 J519 侧供电信号

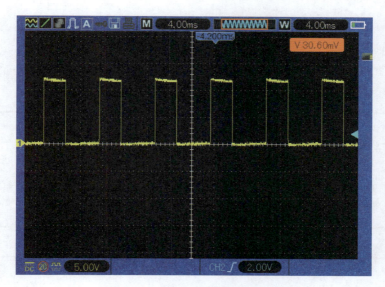

图 3-19　J519 侧右前转向灯供电波形

3. 诊断结论

由于 J519 的 T46b/20 端子和右前转向灯 M7 的 T14ad/9 端子之间线路断路,导致右前转向灯 M7 无供电,因而 M7 不亮。修复后,右前转向灯正常工作。

3-12　右前转向灯不亮的测量

任务 3 雾灯不亮故障诊断

一辆迈腾 B8 2.0T 汽车,顾客反映雾灯工作异常,请检查并对故障进行维修。

素质目标

1. 培养学生的综合思维和逻辑思维能力,发挥团队合作精神,提升分析问题、解决问题的能力;
2. 严格按照工作规程进行故障诊断及排除,树立良好的安全文明操作意识。

知识目标

1. 掌握雾灯的工作原理;
2. 熟悉雾灯电路,根据电路分析雾灯常见故障产生的原因。

能力目标

1. 能正确使用测量工具;
2. 能根据维修手册、电路图和其他资料分析雾灯电路,并列出可能的故障原因;
3. 能在规定时间内查找到汽车雾灯常见故障的故障点,排除并修复验证;
4. 能够对故障机理进行分析,并提出合理化建议。

项目 3 灯光系统故障诊断

原理解析

迈腾 B8 雾灯通过车载电网控制单元 J519 集中控制，整个系统包含：车灯旋转开关，雾灯开关、左前雾灯总成、右前雾灯总成、左后尾灯总成、组合仪表控制单元 J285、车载电网控制单元 J519。雾灯的电路图见图 3-1。

将车灯旋转开关 EX1 至小灯挡或近光灯挡，按下前雾灯开关，前雾灯开启的信号会通过 LIN 线传至 J519，J519 便会控制前雾灯点亮。按下后雾灯开关，后雾灯开启的信号会通过 LIN 线传至 J519，J519 便会控制前雾灯、左后雾灯同时点亮。

子任务 1 前后雾灯均不亮故障诊断

一、故障现象

打开点火开关，仪表显示"故障：车辆照明"。

操作车灯开关，OFF 挡时，小灯、大灯异常点亮；小灯挡时，小灯正常，前后雾灯均不亮；近光灯挡时，大灯正常点亮，前后雾灯均不亮。其余灯光正常。

3-13　前雾灯不亮的现象

二、故障诊断与排除

1. 故障分析

由于灯光开关在 OFF 挡时，小灯、大灯异常点亮，说明 J519 没能接收到正确的灯光开关信号，故障可能在 EX1 开关自身及线路。故障原因可能有以下几点：

（1）J519 与 EX1 之间线路故障。

（2）EX1 本身故障。

（3）J519 局部故障。

2. 故障诊断过程

（1）连接诊断仪，读取故障码。进入电子中央电气系统，选择读取故障码，如图 3-20 所示。

图 3-20 前后雾灯均不亮故障码

（2）读取灯开关位置数据组。打开点火开关，操作开关 EX1 从 OFF 挡→小灯挡→近光灯挡，读取的数据流如表 3-2 所示。

3-14 前雾灯不亮的读码

表 3-2 前后雾灯均不亮数据流

测试参数	OFF 挡	小灯挡	近光灯挡	冗余信号
标准描述	已按下→未按下→未按下	未按下→已按下→未按下	未按下→未按下→已按下	断开→侧灯→近光灯
测试结果	未按下	未按下	未按下	断开→侧灯→近光灯
测试结论	异常	异常	异常	正常

OFF 挡、小灯挡、近光灯挡的挡位数据均异常，只有冗余信号正常。所有的挡位开关的信号要通过 LIN 线传给 J519，因此首先测 LIN 线。

（3）测 EX1 端 LIN 线波形。打开点火开关，操作 EX1，用示波器测 T4di/1 的 LIN 线波形，为 +B 直线，波形异常，如图 3-21 所示。

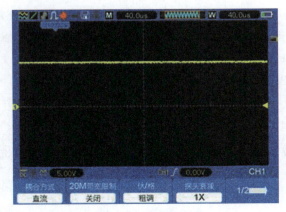

图 3-21 LIN 线波形

（4）测量 J519 侧 LIN 线波形。打开点火开关，操作 EX1，测量 J519 的 T73c/28 端子波形是 +B 直线，如图 3-22 所示，两端波形均为 +B 直线，说明 LIN 总线、EX1 开关内部或 J519 局部存在对正极短路故障。

图 3-22　测量 J519 侧 LIN 线波形

（5）测量 EX1 线束侧 LIN 线波形。关闭点火开关，拔下 J519 与 EX1 线束插头，测量 EX1 线束侧 LIN 线波形，经测量，波形依然为 +B 直线。说明 EX1 的 T4di/1 到 J519 的 T73c/28 端子的 LIN 线对正极短路。

3．诊断结论

由于 EX1 开关与 J519 的 LIN 线对正极短路，所以 J519 无法准确识别 EX1 的状态，使点火开关打开时，小灯、近光灯异常点亮。操作小灯挡和近光灯挡时，前后雾灯均无法点亮。

修复后，故障现象消除，前后雾灯均能正常点亮。

3-15　前雾灯不亮的测量

子任务 2　后雾灯不亮故障诊断

一、故障现象

打开点火开关，操作车灯旋转开关至 EX1 小灯挡、近光灯挡位，后雾灯不亮。仪表显示"请检查左侧后雾灯"，其余灯光均正常。

3-16　后雾灯不亮的现象

二、故障诊断与排除

1. 故障分析

由于小灯、近光、前雾灯能正常点亮，说明 J519 能接收到灯光开关的各挡位信号，故障可能在信号输出侧。由于后雾灯与 M16 等其他灯泡共用搭铁，M16 工作正常，所以暂不考虑搭铁故障。如图 3-23 所示，故障原因可能有以下几点：

（1）J519 与后雾灯 L46 之间线路故障。

（2）后雾灯 L46 本身故障。

（3）J519 局部故障。

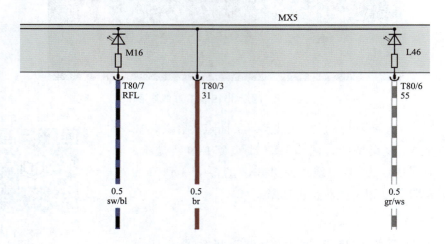

图 3-23　后雾灯 L46 电路图

2. 故障诊断过程

（1）连接诊断仪，读取故障码。进入电子中央电气系统，选择读取故障码，如图 3-24 所示；

图 3-24　左后雾灯不亮的故障码

（2）测量后雾灯供电信号。关闭后备厢。打开点火开关，将灯光旋转开关 EX1 旋转至小灯挡位，打开后雾灯，测量左后雾灯 L46 的供电端子 T8o/6 端子对搭铁电压是 0 V，如图 3-25 所示，说明左后雾灯 L46 供电异常，L46 的供电由 J519 提供，下一步测量 J519 的输出。

3-17　后雾灯不亮的读码

图 3-25　测量后雾灯供电信号

（3）测量 J519 侧输出信号。打开点火开关，将车灯旋转开关 EX1 旋转至小灯挡位，打开后雾灯，测量 J519 的 T73a/72 端子对搭铁电压是 +B，如图 3-26 所示，线路两端存在 +B 压降，说明 J519 的 T73 a/72 端子和左后雾灯 T8o/6 端子之间线路断路。

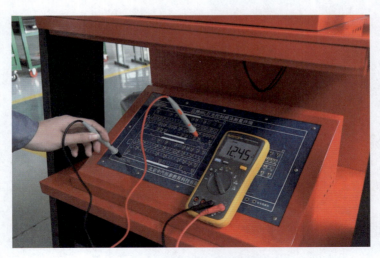

图 3-26　测量 J519 侧输出信号

3. 诊断结论

由于 J519 的 T73 a/72 端子和左后雾灯 T8o/6 端子之间线路断路，导致左后雾灯无供电，使得打开后雾灯时，后雾灯不亮。修复后，左后雾灯点亮，故障排除。

迈腾 B8L 基本装备电路图、LED 大灯电路图、带发光二极管（LED）的尾灯电路图见二维码附图 3-1~附图 3-3。

3-18　后雾灯不亮的测量

附图 3-1~附图 3-3

项目 4

舒适系统故障诊断

任务 1 无钥匙进入功能失效故障诊断

一辆迈腾 B8 2.0T 汽车，顾客反映无钥匙进入功能失效，请检查此现象并对故障进行维修。

素质目标

1. 严格按照操作规程进行故障诊断及排除，树立良好的安全文明操作意识；
2. 具备诚实、守信、善于沟通与协作的品质，树立良好的为客户服务的意识。

知识目标

1. 掌握汽车无钥匙进入功能的工作原理；
2. 掌握无钥匙进入功能失效的故障诊断方法。

能力目标

1. 能正确使用示波器测量波形；
2. 能独立排除无钥匙进入功能失效的故障。

原理解析

无钥匙进入系统是由钥匙、电容传感器、天线、车载电网控制单元 J519、进入及起动许可控制单元 J965 及相关线束组成的控制系统，其工作过程是：当一把有效钥匙在有效范围内（天线识别的范围内，汽车的周围 1.5 m 内）时，将手伸入车门拉手上的传感器 A 或触摸传感器 B，如图 4-1 所示，在不操作遥控钥匙的情况下，解锁或闭锁车辆。

图 4-1　车门把手 A 位置和 B 位置

无钥匙进入系统的工作原理如图 4-2 所示，当驾驶员将手伸入门把手时，门把手中的触摸传感器的电容发生变化，认为驾驶员有上车的意愿，并将此信号发送给进入及起动系统接口 J965，J965 通过专门的唤醒线将车载电网控制单元 J519 唤醒，同时通过车外天线发出低频信号（125 kHz）寻找钥匙。已授权的钥匙识别到此信号后进行编码并向 J519 返回一个应答数据（433 kHz 的高频信号），车载电网控制单元 J519 通过比对此数据判断钥匙是否为授权钥匙，如果是授权钥匙，则车载电网控制单元 J519 通过舒适 CAN 总线向驾驶员侧车门控制单元 J386 和副驾驶员侧车门控制单元 J387 发送解锁指令，J386 和 J387 通过 LIN 线向左后车门控制单元 J388 和右后车门控制单元 J389 发送解锁指令，四个车门控制单元控制相应的门锁电机解锁，实现解锁过程。

当闭锁时，驾驶员触摸闭锁传感器，闭锁的实现过程和解锁过程一致。

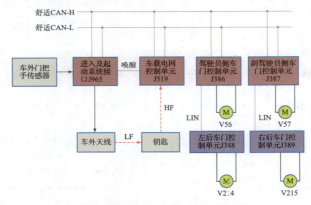

图 4-2　无钥匙进入系统的工作原理

V56—驾驶员车门中央门锁电机；V57—副驾驶员车门中央门锁电机；
V214—左后车门内的中央门锁电机；V215—右后车门内的中央门锁电机

注：对迈腾B8而言，真正影响车辆无钥匙进入功能的车外天线只有驾驶员侧和副驾驶员侧前部的进入及起动系统天线，左后门和右后门的天线故障不会影响车辆的无钥匙进入功能。

子任务1 所有车门均无法实现无钥匙进入故障诊断

一、故障现象

将手伸入各个车门把手，所有车门均无法解锁。用遥控钥匙进入车辆，仪表显示"无钥匙进入功能失效"。其他功能正常。

二、故障诊断与排除

1. 故障分析

由于车辆一键起动功能正常，所以进入及起动系统接口J965能正常工作。导致所有车门无钥匙进入失效的原因可能有以下几点：

（1）驾驶员侧的进入及起动系统天线故障。
（2）副驾驶员侧的进入及起动系统天线故障。
（3）四个车门的车门外把手接触传感器故障。

2. 故障诊断过程

（1）连接诊断仪，读取故障码。从进入及起动许可控制单元中读到故障码：1057035 驾驶员侧进入及起动系统天线断路。根据故障码判断可能是驾驶员侧的进入及起动系统天线断路。根据电路图分析，可能进入及起动系统接口J965的T40/22—驾驶员侧的进入及起动许可天线R134的T4ht/1或J965的T40/24—R134的T4ht/4之间的线路发生断路。

（2）测量J965侧天线信号。将手伸入驾驶员侧车门把手，测量J965侧T40/22及T40/24的对地信号，测得的波形如图4-3所示。

（3）测量R134的信号。将手伸入驾驶员侧车门把手，测量R134的T4ht/1及T4ht/4的对地信号，测得的波形如图4-4所示。

测量发现J965的T40/24与R134的T4ht/4信号一致，而J965的T40/22与R134的T4ht/1两端信号不一致。

（4）关闭点火开关，测量J965的T40/22—R134的T4ht/1之间的电阻，测量结果为+∞，说明此段线路断路。

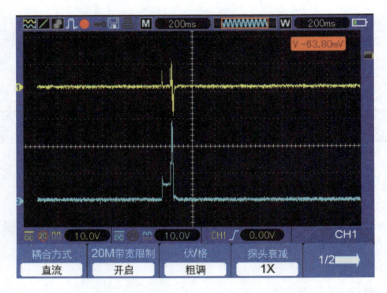

图 4-3　J965 侧 T40/22（黄色：上方）及 T40/24（蓝色：下方）的对地波形

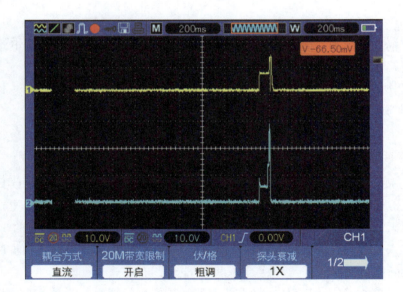

图 4-4　R134 的 T4ht/1（黄色：上方）及 T4ht/4（蓝色：下方）的对地波形

3．诊断结论

J965 的 T40/22—R134 的 T4ht/1 线路断路，修复后，无钥匙进入功能恢复正常。

项目 4 舒适系统故障诊断

子任务 2　车辆左后门无钥匙进入功能失效故障诊断

一、故障现象

左后车门的无钥匙进入功能失效,其他车门无钥匙进入功能正常。

4-1　故障现象

二、故障诊断与排除

1. 故障分析

车辆其他车门的无钥匙进入功能正常,说明进入及起动系统接口 J965、驾驶员侧及副驾驶员侧进入及起动系统天线都能正常工作,导致左后车门无钥匙进入失效的原因可能在左后车门外把手接触传感器。

2. 故障诊断过程

(1) 连接诊断仪,读取故障码。进入进入及起动系统接口 J965,发现无故障码。

(2) 读取左后车门外接触传感器的数据流。将手伸入左后车门外把手及触摸闭锁传感器时,发现数据流均显示未激活,说明左后车门外把手接触传感器 G417 未工作,如图 4-5 所示。

4-2　读取故障码及数据流

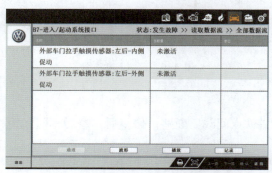

图 4-5　左后车门外接触传感器的数据流

(3) 测量 J965 的 T40/13 对地波形,为 +B 直线,测量 G417 的 T4bj/3 对地波形,也为 +B 直线,两者波形一致,说明此段线路正常,但此波形在传感器工作时无任何拉低,可能传感器本身或搭铁线路存在故障。

(4) 测量传感器 G417 的搭铁端子。测量 T4bj/2 的对地电压为 10 V,此端子为绝对搭铁端子，拔下插头测量此端子对地电阻，测量结果为 +∞，说明此段线路断路。如图4-6所示。

4-3 测量过程

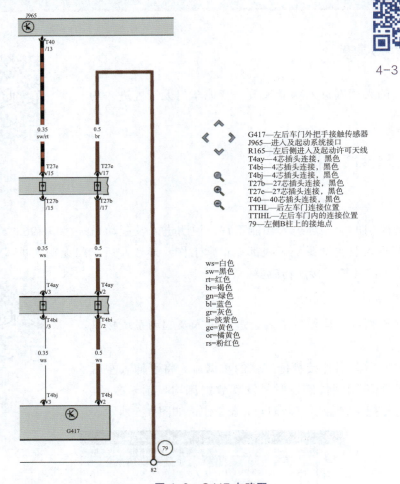

G417—左后车门外把手接触传感器
J965—进入及起动系统接口
R165—左后侧进入及起动许可天线
T4ay—4芯插头连接，黑色
T4bi—4芯插头连接，黑色
T4bj—4芯插头连接，黑色
T27b—27芯插头连接，黑色
T27e—27芯插头连接，黑色
T40—40芯插头连接，黑色
TTHL—后左车门连接位置
TTIHL—左后车门内的连接位置
79—左侧B柱上的接地点

ws=白色
sw=黑色
rt=红色
br=褐色
gn=绿色
bl=蓝色
gr=灰色
li=淡紫色
ge=黄色
or=橘黄色
rs=粉红色

图4-6 G417电路图

3. 诊断结论

G417 的 T4bj/2—搭铁点间线路断路，修复后，左后车门无钥匙进入功能恢复正常。

当今世界正经历百年未有之大变局，新一轮科技革命和产业变革方兴未艾。汽车产业正在向智能化快速发展，每一功能的改善都体现了科技的进步。车辆的解锁方式就历经了机械控制、电子控制、智能控制的发展。迈腾B8的进入方式有三种：无钥匙进入、遥控进入及机械钥匙进入。进入时解锁单个车门、单侧车门还是四个车门可以通过仪表进行设置来实现。在进行故障排除时，首先要弄清楚车辆的解锁方式，否则

项目 4 舒适系统故障诊断

会将正常现象误认为是故障。在任务 1.2 中，车辆的解锁方式是解锁四个车门，即将手伸入任一车门的门把手，车辆的四个车门均可以解锁。

如果一定时间内无人进入车辆，系统则禁用车辆门把手中的电容式传感器，60h 后禁用副驾驶员侧门把手中的电容式传感器。满足以下条件之一后将会重新启用：

（1）通过驾驶员侧车门或后备厢翻盖进行无钥匙开启；

（2）在车辆接收范围内按中央门锁系统的遥控按钮；

（3）机械解锁车辆。

驾驶员侧门把手中的电容式传感器则在 90h 后禁用。满足以下条件之一后，重新启用：

（1）在车辆接收范围内按中央门锁系统的遥控按钮；

（2）机械解锁车辆。

迈腾 B8 2.0T 的车型还增加了 Easy Open 即脚踢功能，感应开启为操作电动后备厢盖电动开启器提供了另一种选择。要开启后备厢盖，驾驶员应将脚移到（踢脚动作）后保险杠下方。遥控钥匙必须位于车辆后部 1m 内来进行授权。

任务 2　一键起动失效故障诊断

任务描述

一辆迈腾 B8 2.0T 汽车，顾客反映一键起动功能失效，请检查此现象并对故障进行维修。

素质目标

1. 形成认真负责的工作态度和一丝不苟的工作作风，逐渐形成汽车维修行业所需要的职业道德与职业素养；

2. 能主动获取信息，对工作过程进行总结和反思，培养与他人进行有效沟通和团结协作的能力。

> **知识目标**
>
> 1. 掌握汽车一键起动功能的工作原理；
> 2. 理解汽车无钥匙进入功能和一键起动功能的内在联系；
> 3. 掌握一键起动功能失效的故障诊断方法。

> **能力目标**
>
> 1. 能正确使用诊断设备和测量工具；
> 2. 能独立排除汽车一键起动功能失效的故障。

原理解析

车辆的一键起动功能是指将已授权的钥匙放在车内，驾驶员按下一键起动装置按钮 E378，同时脚踩刹车踏板，发动机就会起动。其工作过程如图 4-7 所示。

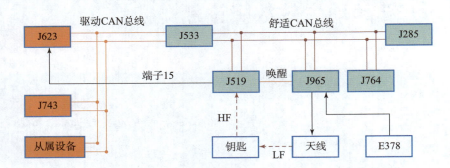

图 4-7　车辆一键起动过程图

E378——一键起动装置按钮；J965——进入及起动系统接口；J285——组合仪表控制单元；
J519——车载电网控制单元；J764——电子转向柱锁止装置控制单元；J623——发动机控制单元；
J533——数据总线诊断接口；J743——双离合器变速箱机械电子单元

按下一键起动装置按钮 E378，进入及起动系统接口 J965 开始处理信号并唤醒舒适 CAN 总线系统，同时查询组合仪表控制单元 J285，是否允许接通 15 电源，而组合仪表控制单元 J285 会询问车内的钥匙是否为合法的钥匙。为此，J965 通过车内天线发送一个低频信号（125 kHz）给车内的钥匙，钥匙接收到此信号后向车载电网控制单元 J519 返回一个应答的高频信号（433 kHz），J519 接收到此信号后将钥匙的防盗信息发送给防盗锁止控制单元，J285 对钥匙的防盗信息进行验证，确认钥匙合法后，将此信息通过舒适 CAN 总线系统，电子转向柱锁止装置控制单元 J764 接收到此信息，实现方向盘解锁，同时，J519 接收到此信息，接通 15 电源，仪表点亮。

15 电源接通后，会激活动力 CAN 总线系统。同属迈腾 B8 车辆防盗部件的发动机控制单元 J623 向 J285 发送起动请求，J285 会验证 J623 的防盗信息，验证通过后，J285 会批准 J623 的起动请求。基于同样的工作过程，J285 会验证双离合器变速箱机械电子单元 J743 等其他防盗部件的合法性，所有验证通过后，车辆发动机起动，防盗解除。

当一键起动失效时，还可采用应急起动的方式进行起动。具体操作是将钥匙放在防盗锁止系统识读线圈处（图 4-8），同时按下一键起动装置按钮 E378，并脚踩刹车，即可实现应急起动。其工作原理是组合仪表控制单元 J285 通过识读线圈直接读取钥匙的防盗信息来验证钥匙的合法性，无须通过舒适 CAN 总线、J519 及室内天线来向 J285 发送钥匙信息来验证钥匙。当钥匙验证通过后，其余防盗部件 J623、J743 的防盗验证和一键起动的过程相同（见图 4-9）。

图 4-8 应急起动方式

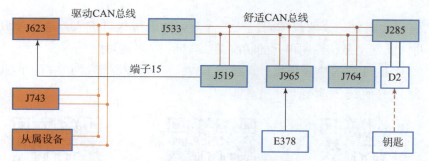

图 4-9 应急起动过程

E378—起动装置按钮；J965—进入及起动系统接口；J285—组合仪表控制单元；J519—车载电网控制单元；
J764—电子转向柱锁止装置控制单元；J623—发动机控制单元；J533—数据总线诊断接口；
J743—双离合器变速箱机械电子单元。D2—防盗锁止系统读出线圈

子任务1 车辆一键起动功能失效，但可以应急起动故障诊断

一、故障现象

（1）用无钥匙进入功能无法进入车辆，钥匙指示灯不亮，但遥控功能正常。

（2）按下E378，一键起动功能失效，钥匙指示灯正常闪亮，方向盘不解锁，仪表不亮，仪表显示"未识别到钥匙"。

（3）应急起动时，方向盘解锁，仪表点亮。

4-4 故障现象

二、故障诊断与排除

1．故障分析

（1）由于用遥控能正常解锁车辆，说明钥匙工作正常，J519能正常接收到钥匙信息并能正常通信。

（2）由于采用应急方式能起动车辆，说明车辆的组合仪表控制单元J285、电子转向柱锁止装置控制单元J764、进入及起动系统接口J965、一键起动按钮E378及E378—J965的信号传输都能正常工作。故障可能在以下两方面：

①车内天线故障。

② J965—J519的唤醒线故障。

2．故障诊断过程

（1）连接诊断仪，读取故障码。从进入及起动系统接口进入，选择读取故障码：1069319进入及起动系统控制单元的唤醒导线，断路/对地短路。

（2）测量J519侧的唤醒线信号。按下E378，用示波器测量J519的T73c/14的对地波形，为12 V直线，异常。

4-5 读取故障码

4-6 测量J519端唤醒信号

4-7 测量J965端唤醒信号

(3）测量 J965 侧的唤醒线信号。按下 E378，用示波器测量 J965 的 T40/26 的对地波形，为 0 V 直线，异常。

J519 的 T73c/14 与 J965 的 T40/26 为同一直线，但两端存在 +B 的压降，故判断为线路断路。

3．诊断结论

J519 的 T73c/14—J965 的 T40/26 线路断路，修复后，无钥匙进入功能及一键起动功能恢复正常。

子任务 2　车辆一键起动功能及应急起动均失效故障诊断

一、故障现象

（1）用无钥匙进入功能无法进入车辆，且钥匙指示灯不亮，但遥控功能正常。

（2）按下 E378，方向盘不解锁，仪表不亮，中央显示屏能正常显示车门状态；.钥匙指示灯不亮。

（3）应急起动时，现象依旧。

二、故障诊断与排除

1．故障分析

（1）由于用遥控能正常解锁车辆，说明钥匙工作正常，J519 能正常接收到钥匙信息并能正常通信。

（2）由于仪表中央显示屏能正常显示车门状态，说明组合仪表 J285 的电源及与舒适 CAN 总线的通信正常。

（3）由于一键起动和应急方式均无法起动车辆，且钥匙指示灯不亮，故障可能在以下几方面：

① E378 本身故障。

② E378—J965 线路故障。

③ J965 通信或本身故障。

2．故障诊断过程

（1）连接诊断仪，读取故障码。由于车内无 15 电源，诊断仪无法进入各个控制单元，为此，可以打开双闪灯，激活舒适 CAN 系统。从诊断仪中看出，进入及起动系统

接口无法进入，但可以从网关 J533 中读到故障码：131634：进入及起动系统无通信。通过故障码分析，可能 J965 的电源、通信或本身存在故障。基于测量的方便性，首先测量 J965 的电源，查阅电路图（图 4-10）可知，J965 由保险 SC19 供电，所以下一步测量保险 SC19。

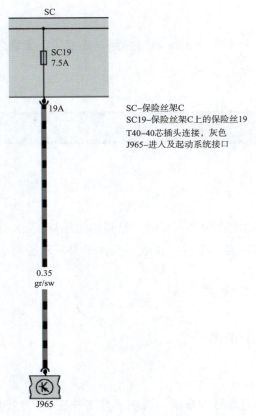

图 4-10 J965 供电电路图

（2）测量保险 SC19 的输入输出对地电压。经测量，SC19 的输入电压为 12 V，输出电压为 0 V，拔下保险检查，发现保险断路。更换保险后，故障消失。

3．诊断结论

SC19 本身损坏。更换保险后，无钥匙进入功能及一键起动功能恢复正常。

带一键起动功能的车辆通过按下起动按钮 E378 实现关闭发送机。若发送机无法通过此方式熄火时，则必须执行应急关闭，在 1s 内连按两下启动按钮，或按住启动按钮超过 1s。

项目 4 舒适系统故障诊断

在排除车辆一键起动功能失效的故障时，要结合车辆的应急起动方式共同分析。通过两种方式的比较，能快速帮助维修人员锁定故障范围。如在任务 1.1 中，由于应急方式能起动，因此可以排除 J285、J764、J965、E378 及 E378—J965 的故障，维修人员只需要查找一键起动与应急起动的区别之处即可。同时，一键起动功能还要与无钥匙进入功能结合起来，两者所用的系统相同，也被称为无钥匙进入及起动系统。如在任务 1.2 中，无钥匙进入及一键起动均失效时，要考虑两者的共通之处。

任务 3　车窗升降器工作异常故障诊断

任务描述　一辆迈腾 B8 2.0T 汽车，顾客反映车窗升降器不能正常升降，请对车辆进行检查并对故障进行维修。

素质目标

1. 严格按照操作规程进行故障诊断及排除，树立良好的安全文明操作意识；
2. 能主动获取信息，对工作过程进行总结和反思，培养与他人进行有效沟通和团结协作的能力。

知识目标

1. 掌握汽车车窗升降器的工作原理；
2. 理解车窗升降开关的工作原理及波形含义；
3. 掌握车窗升降器工作异常的故障诊断方法。

能力目标

1. 能正确使用示波器测量车窗升降器开关的波形；
2. 能独立排除车窗升降器工作异常的故障。

原理解析

迈腾 B8 车窗升降器通过各控制单元控制，整体系统包含 4 个车门控制单元 [左前（驾驶员侧）车门控制单元 J386、右前车门控制单元 J387、左后车门控制单元 J388、右后车门控制单元 J389]、4 个车窗升降器电机（左侧车窗升降器电机 V14、右侧车窗升降器电机 V15、后左车窗升降器电机 V26、后右车窗升降器电机 V27）及 4 个车窗升降器开关（驾驶员车门内的车窗升降器操作单元 E512、副驾驶员车门内的车窗升降器开关 E107、左后车门内的车窗升降器开关 E52、右后车门内的车窗升降器开关 E54）。其系统原理图如图 4-11 所示。

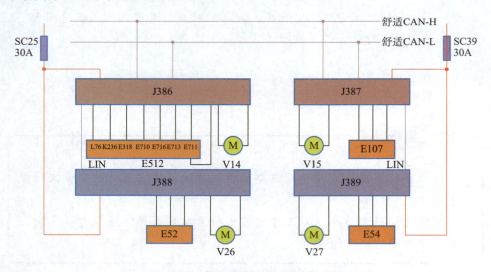

图 4-11　车窗升降器控制系统原理图

驾驶员车门内的车窗升降器操作单元 E512 包含了驾驶员侧前部车窗升降器按钮 E710，驾驶员侧后部车窗升降器按钮 E711、副驾驶员侧前部车窗升降器按钮 E716、副驾驶员侧后部车窗升降器按钮 E713、儿童安全锁按钮 E318 及背景灯，分别实现驾驶员侧对 4 个车窗玻璃升降器的控制。具体实现过程如下。

（1）当操作驾驶员侧前部车窗升降器按钮 E710 时，不同的挡位信号通过 E710 的

T101/5 端子传给左前车门控制单元 J386（图 4-12），J386 根据此信号控制车窗升降器电机 V14 动作（图 4-13），实现点动上升、点动下降、一键上升及一键下降功能。

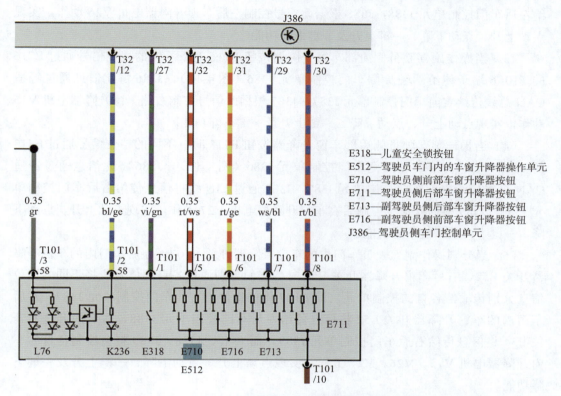

图 4-12　驾驶员侧车窗升降器按钮信号传递电路图

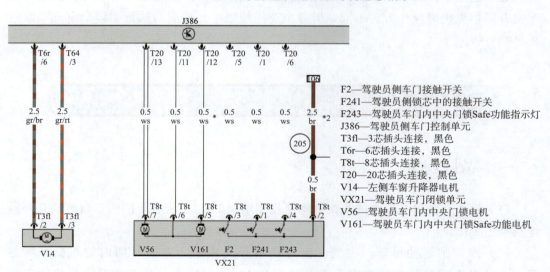

图 4-13　驾驶员侧车窗升降器电机及门锁控制电路图

（2）当操作驾驶员侧后部车窗升降器按钮 E711 时，不同的挡位信号通过 E711 的 T101/8 端子传给驾驶员侧车门控制单元 J386（图 4-12），J386 将此信息通过 LIN 线传给左后车门控制单元 J388，J388 根据此信号控制左后车窗升降器电机 V26 动作，实现点动上升、点动下降、一键上升及一键下降功能。

（3）当操作副驾驶员侧前部车窗升降器按钮 E716 时，不同的挡位信号通过 E716 的 T101/6 端子传给驾驶员侧车门控制单元 J386（图 4-12），J386 将此信息通过舒适 CAN 总线传给右前车门控制单元 J387，J387 根据此信号控制右侧车窗升降器电机 V15 动作，实现点动上升、点动下降、一键上升及一键下降功能。

（4）当操作副驾驶员侧后部车窗升降器按钮 E713 时，不同的挡位信号通过 E713 的 T101/7 端子传给驾驶员侧车门控制单元 J386（图 4-12），J386 将此信息通过舒适 CAN 总线传给右前车门控制单元 J387，J387 通过 LIN 线将信息传给右后车门控制单元 J389，J389 根据此信号控制后右车窗升降器电机 V27 动作，实现点动上升、点动下降、一键上升及一键下降功能。

（5）当分别操作副驾驶员车门内的车窗升降器开关 E107、左后车门内的车窗升降器开关 E52、右后车窗升降器开关 E54 时，它们分别通过各自的信号线将不同的挡位信息分别传输给各自的控制单元，即 E107 将信息传给右前车门控制单元 J387，左后车门内的车窗升降器开关 E52 将信息传给左后车门控制单元 J388、右后门升降器开关 E54 将信息传给右后车门控制单元 J389，而 J387、J388、J389 将会控制各自的车窗升降器电机 V15、V26、V27 工作，实现点动上升、点动下降、一键上升及一键下降功能。

通过上述工作过程可以看出，驾驶员在控制车窗升降器电机时与乘客在控制各自车窗升降器电机时操作方式不同，但各个车门控制单元控制的执行器即车窗升降器电机是唯一的。

子任务 1　驾驶员侧车窗升降器开关故障诊断

一、故障现象

（1）操作驾驶员车门内的车窗升降器操作单元 E512，所有车门的车窗玻璃升降器电机均不工作。

（2）操作副驾驶员车门内的车窗升降器开关 E107、左后车门内的车窗升降器开关 E52 及右后车门内的车窗升降器开关 E54 时，三个车门的玻璃升降器均能正常工作。

（3）当操作车门旋转开关 EX1 至小灯挡时，驾驶员车门内的车窗升降器操作单作 E512 的背景灯不亮。

二、故障诊断与排除

1. 故障分析

由于 E107、E52 及 E54 均能控制各自的车窗升降器电机工作，说明右前、左后及右后的玻璃升降器电机都能正常工作；但 E512 不能控制所有车窗升降器工作，故障很可能在开关输入侧。故障原因可能为：

（1）E512—J386 之间线路故障；

（2）E512、J386 本身故障。

2. 故障诊断过程

（1）连接诊断仪，读取故障码。进入驾驶员侧车门控制单元 J386，发现无相关故障码。

（2）读取驾驶员车门内的车窗升降器操作单元 E512 的数据流。操作驾驶员侧前、后部车窗升降器按钮 E710、E711 和副驾驶员侧前部车窗升降器按钮 E713、E716，数据流均显示未开动，如图 4-14 所示，说明四个开关均无挡位信号传到 J386。

4-8 故障现象

4-9 读取故障码及数据流

图 4-14 操作 E512 开关数据流

（3）测量驾驶员车门内的车窗升降器操作单元 E512 的搭铁端子 T10l/10。由于 4 个开关挡位信号的改变及传输均通过搭铁实现，E512 的背景灯也不亮，所以优先测量 E512 的搭铁。操作 E512，用万用表测量 E512 的 T10l/10 端子，测试结果为 3.3 V，标准值为 0 V，此搭铁信号通过 J386 控制，所以下一步测量 J386 侧搭铁信号。

（4）测量 J386 的搭铁信号端子 T32/5。测试结果为 0 V。同一线路之间存在 3.3 V 压降，判断为线路断路。（此步骤也可以不做，由于此搭铁信号端子为多个开关共用，其他开关工作正常，搭铁端子视为正常）

4-10 测量 E512 搭铁端子　　4-11 E512 不能控制所有车窗工作故障诊断

3．诊断结论

J386 的 T32/5—E512 的 T10l/10 线路断路，修复后，驾驶员车门内的车窗升降器操作单元 E512 能控制各个车窗玻璃升降器工作。

子任务 2　右后车窗升降器不工作故障诊断

一、故障现象

操作副驾驶员侧后部车窗升降器按钮 E713 和右后车门内的车窗升降器开关 E54 时，右后车窗升降器电机 V27 不工作。其余均正常。

二、故障诊断与排除

1．故障分析

（1）由于右后门锁能正常工作，说明 J386—J387 之间的 CAN 线信号及 J387—J389 之间的 LIN 线信号能正常传输。

（2）但是副驾驶员侧后部车窗升降器按钮 E713 和右后车门内的车窗升降器开关 E54 均不能控制右后车窗升降器电机 V27 工作，故障可能在以下几点：

① V27 本身故障。

② E713—J386、E54—J389 线路故障。

③ 副驾驶员侧后部车窗升降器按钮 E713、右后车门内的车窗升降器开关 E54 本身故障或驾驶员侧车门控制单元 J386、右后车门控制单元 J389 局部故障。

2．故障诊断过程

（1）连接诊断仪，读取故障码。从右后部车门控制单元 J389 中读取的故障码为

"65589：车窗升降机马达，断路"；根据故障码，故障可能在 V27 侧。

（2）测量 V27 的工作波形。打开点火开关，操作 E54，用万用表测量 V27 的 T3bp/2 和 T3bp/3 之间的电压，为 0 V，说明 V27 未工作。

（3）测量 V27 的供电搭铁。打开点火开关，操作 E54 上升时，用示波器双通道分别测量 V27 的 T3bp/2 和 T3bp/3 对地波形，测试的波形如图 4-15 所示。V27 受 J389 控制，所以下一步测量 J389 侧的电机控制波形。

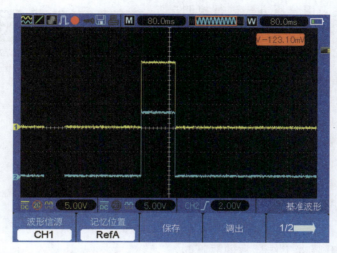

图 4-15　V27 的 T3bp/2（黄色：上方）和 T3bp/3（蓝色：下方）对地波形

（4）测量 J389 侧电机控制波形。打开点火开关，操作 E54 上升，用示波器测量 J389 侧 T6u/3 和 T6u/6 对地波形，如图 4-16 所示。通过测量发现 V27 的 T3bp/3 与 J389 的 T6u/6 两端波形一致，但 T3bp/2 和 T6u/3 两端波形不一致，且一端为零，判断为线路断路。

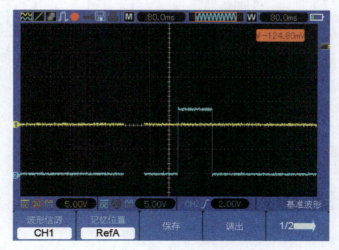

图 4-16　J389 侧 T6u/3（黄色：上方）和 T6u/6（蓝色：下方）对地波形

3. 诊断结论

J389 的 T6u/3—V27 的 T3bp/2 线路断路。

为了减少普通线路连接数量，迈腾 B8 车窗升降器开关采用分压方式进行控制，即不同的挡位信号（点动上升、点动下降、一键上升及一键下降）通过一根信号线传输，如图 4-17 所示。开关内部装有不同的电阻，操作开关在不同挡位时，通过开关内部不同的分压电阻将信号线输出电压改变，控制单元将这些输入的信号电压和控制单元内部预存的车窗升降器开关动作数据电压对比，如果哪一个动作数据电压比对成功，控制单元将控制车窗升降器做出相应动作。

在判断车窗升降器工作异常的故障时，要结合四车门门锁的工作是否正常。通过门锁的工作状态可以帮助维修人员判断控制单元之间的网络通信是否正常。（门锁的具体工作原理见任务4）

由于驾驶员侧前部车窗玻璃升降器开关和其他车门的车窗升降器开关控制的为同一执行器，在进行车窗升降器工作异常的故障诊断时，相关的开关都要操作一下，以方便判断相应的执行器是否正常。另外要多用诊断仪的读取数据流和执行元件测试功能，以方便判断是开关的信号输入问题还是执行器的输出问题。

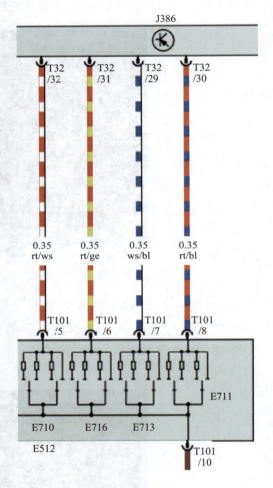

图 4-17　E512 电路图

任务 4

中央门锁工作异常故障诊断

一辆迈腾 B8 2.0T 汽车，顾客反映中央门锁工作不正常，请检查此现象并对故障进行维修。

素质目标

1. 严格按照操作规程进行故障诊断及排除，树立良好的安全文明操作意识；
2. 通过完成中央门锁工作异常的故障诊断，培养学生严谨、细致、耐心、踏实的工作作风。

知识目标

1. 了解汽车解闭锁的方式；
2. 掌握汽车中央门锁的工作原理；
3. 掌握中央门锁工作异常的故障诊断方法。

能力目标

1. 能正确使用诊断设备；
2. 能正确使用示波器进行门锁工作波形的测量；
3. 能独立排除中央门锁工作异常的故障。

原理解析

迈腾 B8 中央门锁的解闭锁方式有以下四种：一是可以通过无钥匙解锁或闭锁、二是可以通过遥控进行解闭锁、三是可以通过驾驶员侧车内上锁按钮 E308 进行解闭锁、四是可以通过机械钥匙解闭锁。下面主要对遥控解闭锁和用 E308 解闭锁两种方式进行讲解。

当驾驶员操作遥控钥匙进行解锁时，按压遥控器上的解锁按钮，如图 4-18 所示。此时，遥控器通过高频信息发出解锁指令，此信息被车载电网控制单元 J519 的高频天线 R47 接收。于是，J519 将解锁指令发送到舒适 CAN 总线上，驾驶员侧车门控制单元 J386 和副驾驶员侧车门控制单元 J387 接收到此指令，它们将分别通过 LIN 线将此指令发送给左后车门控制单元 J388 和右后车门控制单元 J389。四个车门控制单元将分别控制各自的门锁工作。驾驶员操作遥控钥匙进行闭锁时，执行和解锁一样的操作过程。其系统控制如图 4-19 所示。

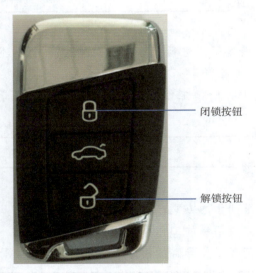

图 4-18 迈腾 B8 遥控器

当操作驾驶员侧车内上锁按钮 E308 进行解闭锁时，E308 将信号直接传给驾驶员侧车门控制单元 J386，J386 接收到此信息后，将此信息发送到舒适 CAN 总线上，J387 会通过舒适 CAN 总线接收到此信息。J386 和 J387 分别通过 LIN 线将此信息发送给左后车门控制单元 J388 和右后车门控制单元 J389。四个车门控制单元将分别控制各自的门锁工作。其系统控制如图 4-20 所示。

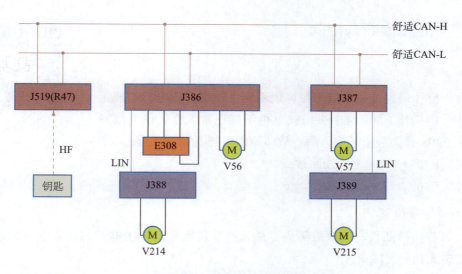

图 4-19　遥控解闭锁系统控制

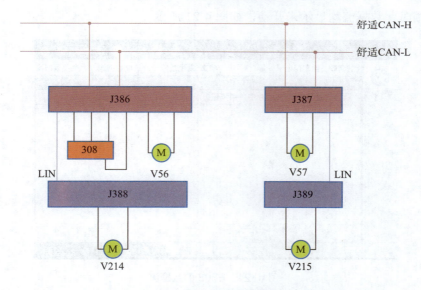

图 4-20　E308 解闭锁系统控制

子任务 1　所有中央门锁均不工作故障诊断

一、故障现象

遥控能正常解闭锁，但操作驾驶员侧车内上锁按钮 E308 时，所有中央门锁均不能解闭锁。

二、故障诊断与排除

1. 故障分析

由于操作遥控能正常解闭锁,说明四个中央门锁电机均能正常工作;但操作 E308 时中央门锁电机不能正常工作,说明故障可能在 E308 开关的信号输入侧。故障原因可能有以下几点:

(1) E308—J386 之间线路故障。

(2) E308、J386 本身故障。

4-12 故障现象

2. 故障诊断过程

(1) 连接诊断仪,读取故障码。进入驾驶员侧车门控制单元 J386,选择读取故障码,发现无相关故障码。

(2) 读取 E308 的数据流。进入驾驶员侧车门控制单元 J386,选择读取数据流,操作解闭锁时,数据流均显示未开动,如图 4-21 所示。

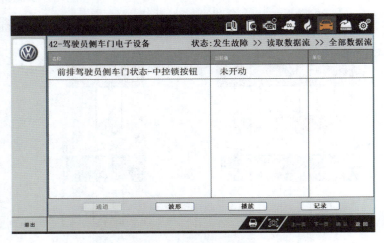

图 4-21 E308 的数据流

(3) 测量驾驶员侧车门控制单元 J386 侧 E308 信号。E308 电路图如图 4-22 所示。操作 E308,用示波器测量 J386 的 T32/28 端子信号,测量结果为 0~12 V 方波信号不变,说明 J386 能正常发出信号,但未接收到 E308 的解闭锁信号。

(4) 测量 E308 的信号。操作 E308,用示波器测量 E308 的信号端子 T4bw/4,测得的波形仍为 0~12 V 方波信号,说明信号线路正常,但 E308 未输出解闭锁信号,可能 E308 本身或 E308 搭铁故障。

(5) 测量 E308 的搭铁。用万用表测量 T4bw/1 的电压,测得的结果为 0 V,说明 E308 搭铁正常。E308 的信号及端子都正常,却无法控制门锁电机工作,说明 E308 本身损坏。

项目 4 舒适系统故障诊断

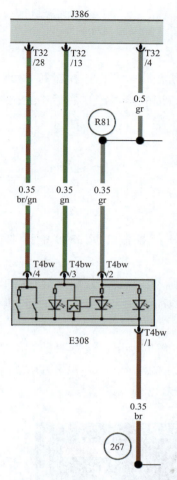

E308-驾驶员侧车内上锁按钮
J386-驾驶员侧车门控制单元
T4bw-4芯插头连接，黑色
T32-32芯车头连接，灰色
267-接地连接2，在驾驶员侧车门电缆导线束中

图 4-22 E308 电路图

3. 诊断结论

E308 本身损坏，修复后，E308 能控制各个中央门锁工作。

4-13 E308 本身损坏故障诊断

子任务 2 右后中央门锁不工作故障诊断

一、故障现象

操作遥控器解闭锁和驾驶员侧车内上锁按钮 E308 时，右后中央门锁电机 V215 不工作。

二、故障诊断与排除

1. 故障分析

由于遥控器和 E308 能控制其他中央门锁电机工作,所以遥控器和 E308 均能正常发出解闭锁信号且 J386 能正确接收到此信号,所以故障可能在右后中央门锁电机侧。故障原因可能有以下几点:

(1) V215 本身故障。

(2) V215—J389 线路故障。

(3) J389 局部故障。

2. 故障诊断过程

(1) 连接诊断仪,读取故障码。从右后车门控制单元 J389 中读取故障码为"65593:中控锁锁止单元,不可信信号"。

(2) 测量 V215 的供电搭铁。操作 E308 解锁,用示波器分别测量右后中央门锁电机 V215 的 T8y/1 和 T8y/2 的对地波形,异常,如图 4-23 所示。V215 的供电搭铁由 J389 控制,下一步测量 J389 侧的电机控制信号。

(3) 测量 J389 侧电机控制波形。操作 E308 解锁,用示波器测量 J389 侧 T20c/11 和 T20c/13 的对地波形,如图 4-24 所示。T20c/13 的波形与 T8y/2 不一致,当 T20c/13 为 12 V 时,T8y/2 为 0 V,故判断为 T20c/13—T8y/2 线路断路。

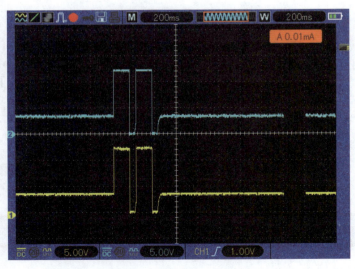

图 4-23 V215 的 T8y/1(黄色:下方)和 T8y/2(蓝色:上方)的对地波形

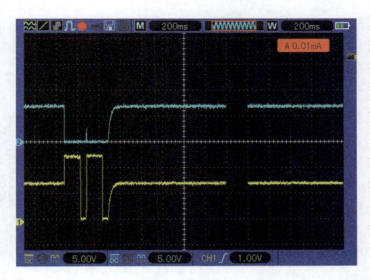

图 4-24　J389 侧 T20c/11（黄色：下方）和 T20c/13（蓝色：上方）的对地波形

3．诊断结论

J389 的 T20c/13—V215 的 T8y/2 线路断路。修复线路后，右后中央门锁电机 V215 工作正常。

子任务 3　左后中央门锁和车窗电机不工作故障诊断

一、故障现象

（1）操作遥控器解闭锁和驾驶员侧车内上锁按钮 E308 时，左后中央门锁电机 V56 不工作。

（2）打开点火开关操作驾驶员侧后部车窗升降器开关 E711 和左后车门内的车窗升降器开关 E52 时，左后车窗升降器电机 V26 不工作。

（3）操作 EX1 至小灯挡时，E52 的背景灯不亮。

4-14　故障现象

二、故障诊断与排除

1．故障分析

根据故障现象，左后车门的车窗电机及门锁电机均不工作，E52 开关的背景灯也不亮，说明左后车门的功能完全失效。由于左后车门要在左后车门控制单元 J388 供电搭铁正常的情况下接收到 LIN 的激活信号才能正常工作，所以故障原因可能有以下几点：

（1）J388 的供电搭铁故障。

（2）J386—J388 的 LIN 线通信故障。

（3）J388 局部故障。

2. 故障诊断过程

（1）连接诊断仪，读取故障码。从驾驶员侧车门控制单元 J386 中读取故障码为"589824：本地数据总线电气故障；589825：本地数据总线无通信"。

4-15　读取故障码

（2）测量 J388 的供电搭铁。打开点火开关，用万用表测量 J388 的 T20b/19 及 T20b/20 的电压，分别为 +B 和 0 V，正常。

（3）测量 J388 侧 LIN 线波形。打开点火开关，用示波器测量 J388 的 T20b/10 信号波形，为 10 V 直线，异常。

（4）测量 J386 侧 LIN 线波形。打开点火开关，用示波器测量 J386 的 T20/10 信号波形，为 0~+B 方波，说明 J386 侧能正常发出 LIN 线信号，但 J388 侧未接收到。

4-16　LIN 线测量过程

3. 诊断结论

J386 的 T20/10—J388 的 T20b/10 的 LIN 线线路断路。

驾驶员侧车内上锁按钮 E308 的工作原理和车窗升降器开关的工作原理一致，都是通过开关内的分压电阻实现控制单元对解闭锁挡位的识别。

在判断中央门锁电机工作异常的故障时，要结合多种门锁的解闭方式。通过多种门锁的解闭来判断是开关信号输入侧的故障还是门锁电机执行侧的故障。也可以通过读取数据流和执行元件测试来判断故障范围。除此之外，还要结合车窗电机的现象来判断是否存在网络故障，包括舒适 CAN 总线故障和 LIN 线故障。要将门锁和车窗视为一个有机的整体，坚持用系统观念来思考问题，分析车窗和门锁的内在联系，把握好整体和局部，处理好主要矛盾和次要矛盾，全面系统地深入分析故障现象，才能快速锁定故障范围，查找出故障点。

任务 5

电动后视镜工作异常故障诊断

任务描述

一辆迈腾 B8 2.0T 汽车，顾客反映电动后视镜工作不正常，请检查此现象并对故障进行维修。

素质目标

1. 严格按照操作规程进行故障诊断及排除，树立良好的安全文明操作意识；
2. 能主动获取信息，对工作过程进行总结和反思，培养与他人进行有效沟通和团结协作的能力。

知识目标

1. 掌握汽车电动后视镜开关和电机的工作原理；
2. 掌握电动后视镜工作异常的故障诊断方法。

能力目标

1. 会调整左右后视镜；
2. 能正确使用示波器测量后视镜开关信号；
3. 能独立排除电动后视镜工作异常的故障。

原理解析

迈腾 B8 后视镜控制系统通过车门控制单元集中控制，整个系统包含以下元器件：驾驶员侧车门控制单元 J386、副驾驶员侧车门控制单元 J387、左侧后视镜总成、右侧后视镜总成及后视镜控制开关，其中，后视镜控制开关包括后视镜调节开关 E43、车外后视镜调节转换开关 E48、后视镜加热按钮 E231 及后视镜内折开关 E263。系统控制图如图 4-25 所示。

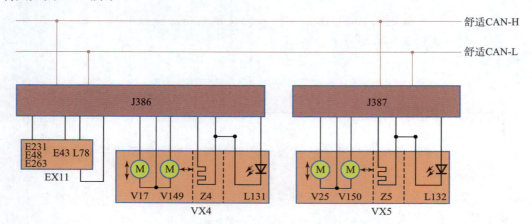

图 4-25　电动后视镜系统控制图

J386—驾驶员侧车门控制单元；J387—副驾驶员侧车门控制单元；
EX11—车外后视镜调节（E231—车外后视镜加热按钮；E48—车外后视镜调节转换开关；E263—后视镜内折开关；
L78—后视镜调节开关照明灯泡）；VX4—驾驶员侧车外后视镜 [V17—驾驶员侧后视镜调节电机 2（上下调节）；
V149—驾驶员侧后视镜调节电机（左右调节）；Z4—驾驶员侧可加热车外后视镜；
L131—驾驶员侧外后视镜警告灯泡]；VX5—副驾驶员侧车外后视镜 [V25—副驾驶员侧后视镜调节电机 2（上下调节）；
V150—副驾驶员侧后视镜调节电机（左右调节）；Z5—副驾驶员侧可加热车外后视镜；
L132—副驾驶员侧外后视镜警告灯泡]

迈腾 B8 在调节后视镜时，需先调节左侧后视镜位置，再调节右侧后视镜位置。因为在调节左侧后视镜时，右侧后视镜会随着左侧的调节运动，而在调节右侧后视镜时，左侧后视镜不会再次运动。

在调节左侧后视镜时，打开点火开关，将后视镜调节开关调整到左侧后视镜调节位置，如图 4-26 所示，操作开关向上、向下、向左、向右，开关将信号传给驾驶员侧车门控制单元 J386，J386 将分别控制上下电机及左右电机工作，同时，J386 将开关信号传输到舒适 CAN 总线上，J387 接收到信号后，将会控制右侧后视镜的上下电机及左右电机工作。

图 4-26　调节左侧后视镜时开关位置

在调节右侧后视镜时，打开点火开关，将后视镜开关调整到右侧后视镜调节位置，如图 4-27 所示。操作开关向上、向下、向左、向右，开关信号传给驾驶员侧车门控制单元 J386，J386 将开关信号传输到舒适 CAN 总线上，J387 接收到信号后，将会控制右侧后视镜的上下电机及左右电机工作。此时，左侧后视镜调节电机不再工作。

图 4-27　调节右侧后视镜时开关位置

在操作后视镜内折及加热时，打开点火开关，将后视镜开关调整到相应位置，相应的内折及加热开关信号传给驾驶员侧车门控制单元 J386，J386 将控制左侧的内折电机及加热装置工作，同时 J386 将开关信号传输到舒适 CAN 总线上，J387 接收到信号后，将会控制右侧的内折电机及加热装置工作。

一、左右后视镜故障现象

（1）打开点火开关，操作后视镜调节开关至 L 挡，进行上下左右调节时，左右后视镜均不工作。

（2）操作后视镜调节开关至 R 挡，进行上下左右调节时，右侧后视镜不工作。

（3）操作后视镜调节开关至内折挡位时，左右后视镜不内折。

4-17　故障现象

二、左右后视镜故障诊断与排除

1．故障分析

由于操作后视镜开关时后视镜电机均无任何反应，故障可能在开关信号的输入侧，也可能在后视镜电机的执行侧，故障原因可能有以下几点：

（1）EX11—J386 之间线路故障。

（2）VX4—J386 之间线路故障、VX5—J387 之间线路故障。

（3）EX11、VX4、VX5 本身故障及 J386、J387 局部故障。

2．故障诊断过程

（1）连接诊断仪，读取故障码。进入驾驶员侧车门控制单元 J386，选择读取故障码，发现无相关故障码。

（2）对 VX4、VX5 执行动作测试，看电机是否能正常工作。进入驾驶员侧车门控制单元 J386，选择动作测试，选择图 4-28 中的后视镜调整（X/Y 方向）、后视镜折叠、后视镜加热装置选项，进行动作测试，发现电机都能正常工作。

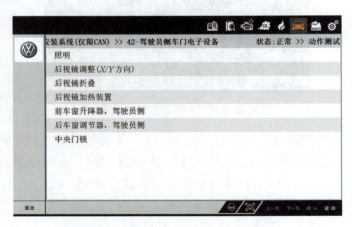

图 4-28　对 VX4、VX5 执行动作测试

（3）读取 EX11 的数据流。进入驾驶员侧车门控制单元 J386，选择读取数据流，操作后视镜调节开关，发现数据流后视镜调节开关—开关位置始终处于空挡位置，显示如图 4-29 所示。说明 J386 未接收到开关位置信号。

4-18　读取故障码及后视镜开关数据流

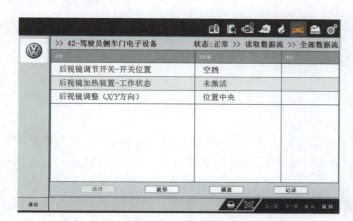

图 4-29　EX11 数据流

（4）测量 J386 侧开关信号。由于左右后视镜的上下、左右及内折电机均不工作，其开关挡位信号都是通过 T6v/5—T32/25 线路传递，如图 4-30 所示，所以检查 J386 的 T32/25 端子信号是否正常。打开点火开关，操作 EX11 至 L 挡、R 挡及内折挡位，用示波器测得 J386 的 T32/25 的信号为 0~12 V 方波不变，如图 4-31 所示，说明 J386 未接收到开关挡位的正确信号变化。

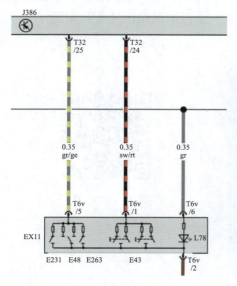

图 4-30　EX11 电路图

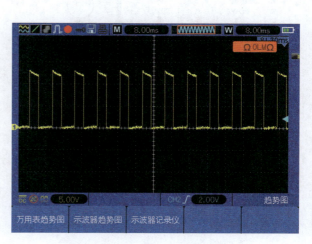

图 4-31　J386 的 T32/25 波形图

101

（5）测量EX11侧开关信号。打开点火开关，操作EX11至L挡、R挡及内折挡位，测得EX11的T6v/5的信号均为0 V。同一线路两端波形不一致，且一端为0 V，故判断为线路断路。

4-19　EX11测量过程

3．诊断结论

J386的T32/25—EX11的T6v/5线路断路，修复后，EX11能控制左右后视镜工作。

总结拓展

迈腾B8车外后视镜调节开关EX11为了减少信号线路连接数量，开关内部采用触点和分压电阻相结合的输出方式，将通常的输出信号线（左后视镜调节、右后视镜调节、左后视镜上下/左右调节、右后视镜上下/左右调节、左右后视镜加热、左右后视镜折叠）简化为仅用两根信号线输出，通过两根信号线上的电压组合判断后视镜的调节意图。控制单元J386通过T32/25信号变化来判断开关挡位。在L挡及R挡进行上下左右调节时，控制单元通过T32/24信号变化来识别操作方向。

左右后视镜上下调节电机和左右调节电机都为双向调节电机，即可以沿两个方向工作，工作受控制单元的控制。它们有一条共用线路，如图4-32所示。以电机V17和V149为例，无论V17还是V149工作，其公共线路都会出现高电位或低电位。

迈腾B8L舒适便捷系统电路图和进入及起动许可电路图见二维码附图4-1和附图4-2。

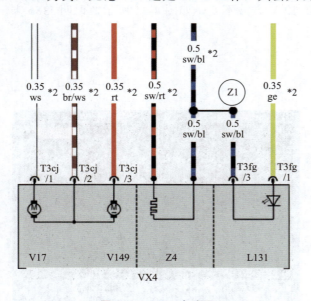

图4-32　VX4电路图

附图4-1和附图4-2

项目 5

防盗系统故障诊断

任务 1 防盗系统不通过故障诊断

一辆迈腾 B8 2.0T 汽车，顾客反映打开点火开关时，方向盘不解锁，请检查此现象并对故障进行维修。

素质目标

1. 通过排除防盗系统故障，培养学生发现问题和解决问题的能力，并培养学生严谨、细致、耐心、踏实的工作作风；
2. 能主动获取信息，对工作过程进行总结和反思，培养与他人进行有效沟通和团结协作的能力。

知识目标

1. 掌握汽车防盗系统的工作过程；
2. 掌握车辆防盗系统不通过的故障诊断方法。

能力目标

1. 能正确使用诊断工具判断防盗系统故障原因；
2. 会分析防盗系统不通过的原因并能独立排除车辆防盗系统不通过的故障。

原理解析

汽车防盗系统是指为防止汽车本身或车上的物品被盗所设的系统。车辆防盗功能即锁止发动机控制单元作用，有效防止汽车在未被授权的情况下靠自身的动力被开走。迈腾 B8 2.0T 车型的防盗系统控制单元有组合仪表控制单元 J285、发动机控制单元 J623、双离合器变速箱机械电子单元 J743、电子转向柱锁止装置控制单元 J764，此外，还包含钥匙、读写线圈等部件。在进行防盗验证时，需要钥匙、J623、J743 都要通过 J285 的验证，所有验证都通过后，才算防盗解除。具体的防盗解除过程如图 5-1 所示。

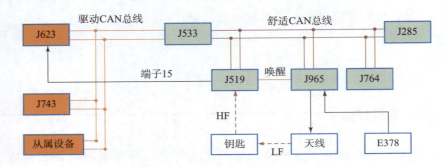

图 5-1 防盗解除过程

E378—起动装置按钮；J965—进入及起动系统接口；J285—组合仪表控制单元；J519—车载电网控制单元；
J764—电子转向柱锁止装置控制单元；J623—发动机控制单元；J533—数据总线诊断接口；
J743—双离合器变速箱机械电子单元

（1）按下 E378，进入及起动系统接口 J965 接收到 ON 挡信号后激活舒适 CAN 总线系统，同时通过单独的唤醒线唤醒 J519。

（2）J965 通过舒适 CAN 总线系统询问组合仪表控制单元 J285 端子 15 是否可起动。

（3）J285 通过舒适 CAN 总线询问 J965 钥匙是否合法。

（4）J965 通过车内天线发出 125 kHz 低频信号去寻找钥匙。

（5）钥匙接收到此信号后发出 433 kHz 高频信号（应答器数据）发送给车载电网控制单元 J519。

（6）J519 将钥匙的数据通过舒适 CAN 系统发送给组合仪表控制单元 J285。

（7）组合仪表控制单元 J285 进行钥匙信息的验证，验证通过后，J285 将此信息通过舒适 CAN 系统发送至电子转向柱锁止装置控制单元 J764，于是方向盘解锁；同时进入及起动系统接口 J965 将 15 电信号传给 J519（图 5-2），车内 15 电源接通，仪表点亮。

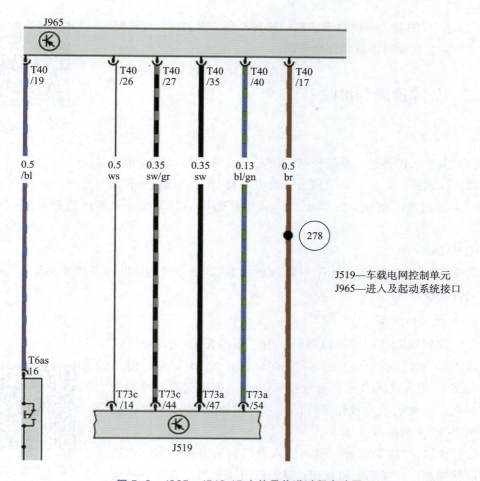

图 5-2　J965—J519 15 电信号传递过程电路图

（8）J519 将 15 电信号传给发动机控制单元 J623，同时数据总线诊断接口 J533 激活其他 CAN 总线系统。

（9）发动机控制单元 J623、双离合器变速箱机械电子单元 J743 依次向组合仪表控制单元 J285 发出起动请求，J285 验证 J623、J743 的防盗信息，验证通过后，发动机起动。

● 子任务1　方向盘不解锁，仪表不亮故障诊断 ●

一、故障现象

（1）无钥匙进入功能及遥控功能正常；打开车门，仪表中央显示屏能正常显示车门状态。

（2）按下 E378，方向盘不解锁，仪表不亮，钥匙指示灯不亮。

（3）应急起动时，故障现象依旧。

二、故障诊断与排除

1．故障分析

（1）由于无钥匙进入及遥控功能正常，说明 J965、J519 能正常工作。

（2）仪表能正常显示车门状态，说明 J285 电源及通信正常。

（3）方向盘不解锁，仪表不亮，且钥匙的指示灯不亮，可能的故障原因有以下两点：

① E378 本身。

② E378—J965 线路（只有 J965 接收到 E378 的信号时，防盗系统才会工作去验证钥匙的合法性）。

5-1　故障现象

2．故障诊断过程

（1）连接诊断仪，读取故障码。由于车内无 15 电，诊断仪无法进入各个控制单元。为此，我们可以打开双闪灯，激活舒适 CAN 系统。进入进入及起动系统接口 J965，选择读取故障码为"1074440：起动机点火按钮不可信信号，主动的/静态的"，故障码说明 E378 的信号异常。

（2）读取 E378 数据流。进入进入及起动系统接口 J965，选择读取数据流，选择起动机按钮：状态—开关触点 1 和开关触点 2。按下 E378，发现开关触点 1 显示未开动，开关触点 2 显示已按下。触点 1 信号异常，如图 5-3 所示。

5-2　读取故障码及数据流

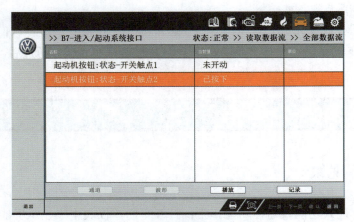

图 5-3　起动机按钮数据流

项目 5 防盗系统故障诊断

（3）测量 J965 侧的触点 1 信号。按下 E378，用万用表测量 J965 的 T40/7 端子信号，为 12 V，标准值为 0 V，异常，此信号由 E378 发出，如图 5-4 所示。下一步测量 E378 的信号输出。

（4）测量 E378 的触点 1 信号。按下 E378，用万用表测量 E378 的 T6as/3 端子信号为 0 V，E378 侧信号发出正常。同一线路存在 12 V 的压降，说明此段线路断路。

5-3 E378 测量过程

3．诊断结论

J965 的 T40/7—E378 的 T6as/3 线路断路，修复后，按下 E378，方向盘解锁，仪表点亮。

子任务 2 方向盘解锁，仪表不亮故障诊断

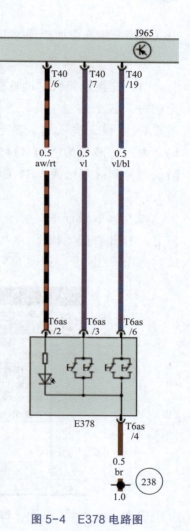

图 5-4 E378 电路图

一、故障现象

（1）按下 E378，钥匙指示灯闪亮，方向盘解锁，但仪表不亮。

（2）应急起动，现象依旧。

（3）操作双闪，外部转向灯正常，仪表转向指示正常。

5-4 故障现象

二、故障诊断与排除

1．故障分析

方向盘解锁说明钥匙的防盗验证已解除，但仪表不亮，说明 15 电未形成。根据防盗系统工作过程中 15 电的形成过程，可能原因在 15 信号源头上，即 J519 端未形成 15

电（故障发生在前面原理解析防盗解除过程中的第（7）步。）

2. 故障诊断过程

（1）连接诊断仪，读取故障码。由于车内无15电，诊断仪无法进入各个控制单元。为此，我们可以打开双闪灯，激活舒适CAN系统。进入进入及起动系统接口J965，选择读取故障码，发现故障码为"1074445：控制单元损坏"。（用SDT929诊断仪可读到故障码为"B11D829：经由CAN端子15，不可信信号"。）

5-5 读取故障码及数据流

（2）读取端子S、端子15及端子15冗余的数据流，看J519是否接收到15电信息。打开双闪，按下E378，读取J519中端子15相关数据组（端子信号和起动释放），结果为断开，如图5-5所示。

[图示：B7-进入/起动系统接口诊断界面，显示端子S、端子15、端子15冗余线路状态均为断开]

图5-5 端子15、15冗余及S数据流

由于端子15与S的相关性，当S和15信号1#、15信号2#三个信号中，任意两个信号出现故障，都无法准确校验15信号的准确性，根据数据组，同时检测J519端15信号和S端子的变化情况。

（3）测量J519侧信号。按下E378，用万用表测量J519侧15及S信号。测试结果如表5-1所示。T73a/44及T73a/54端子信号异常，其信号由J965提供。

表5-1 J519端15和S端子信号

测试参数	T73a/47（15#信号1）	T73a/44（15#信号2）	T73a/54（S#）
标准描述	+B	+B	+B
测试结果	+B	0 V	0 V
测试结论	正常	异常	异常

(4）测量 J965 侧信号。按下 E378，用万用表测量 J965 侧 15（2）及 S 信号。测量结果如表 5-2 所示。

表 5-2　J965 端 15（2）和 S 端子信号

测试参数	T40/27（15# 信号 2）	T40/40（S#）
标准描述	+B	+B
测试结果	12.3 V	12.3 V
测试结论	无异常	无异常

因为 J519 和 J965 之间 15# 信号 2 和 S 信号线两端都存在 +B 压降，所以可以判断 J965 端 T40/27 到 J519 端 T73a/44 之间断路；J965 端 T40/40 到 J519 端 T73a/54 之间断路。

3．诊断结论

J965 的 T40/27—J519 的 T73a/44 线路断路，J965 的 T40/40—J519 的 T73a/54 线路断路。修复后，仪表正常点亮。

5-6　15 及 S 信号测量过程　　5-7　仪表不亮故障诊断

大众汽车防盗系统经历了五个发展阶段，分别是第一代的固定码传输防盗器、第二代的可变码传输防盗器、第三代的两级可变码传输防盗器、第四代的网络式防盗器以及第五代网络式防盗器，迈腾 B8 的防盗则属于第五代网络式防盗器。

第四代防盗系统及第五代防盗系统是本地化数据上传至网络。防盗数据开始存放在位于德国狼堡的 FAZIT（车辆信息和核心识别工具）中央数据库中，并且第四代防盗器及第五代防盗器不再是一个单独的控制单元，而是一项功能。

与第四代防盗锁止系统相比，第五代防盗锁止系统中的新相关组件是双离合变速箱机械电子单元 J743。同时增加了部件保护功能，该功能是为了防止未经授权对元件进行更换。在此，元件保护的"主控装置"是数据总线诊断接口 J533。带有元件保护功能的控制单元，必须在更换后通过在线方式由 FAZIT 进行批准，否则该控制单元

只能发挥有限的作用或是不起作用。以高尔夫 7 为例，第五代防盗锁止系统和组件保护装置如图 5-6 所示。这些系统和组件正常工作都离不开汽车芯片，2021 年来势汹汹的"芯片荒"，将芯片之于汽车的重要性推向风口。经历多年的高速发展，中国已经成为全球最大的汽车市场，电动化、智能化的趋势推动汽车芯片需求量大幅提升，不过，我们不得不面对的事实是，中国汽车半导体主要依赖于进口，本土汽车半导体产值占全球份额仅不到 5%，部分关键零部件进口率更是达到 80%~90%。让汽车用上"中国芯"，是国内汽车行业正在重点攻克的课题。毕竟"核心技术靠化缘是要不来的"，想让中国发展成为一个科技强国，需要每一位青年大学生的不懈努力。

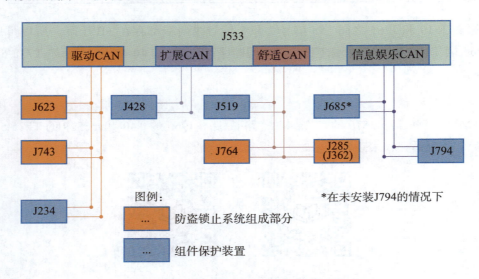

图 5-6　第五代防盗锁止系统和组件保护装置

J533—数据总线诊断接口；J623—发动机控制单元；J743—双离合器变速箱机械电子单元；J234—安全气囊控制单元；
J428—车距调节控制器；J519—车载电网控制单元；J764—电子转向柱锁止装置控制单元；
J285—组合仪表控制单元；J794—信息电子装置 1 控制单元；
J685—前部信息显示和操作单元控制单元的显示单元

项目 6

底盘典型故障诊断

ESP 系统工作不良故障诊断

一辆迈腾 B8 2.0T 汽车，车主反映行驶过程中 ABS 报警灯及 ESP 报警灯点亮，请检查此现象并对故障进行维修。

素质目标

1. 具备诚实、守信、善于沟通与协作的品质，树立良好的节能、安全和为客户服务的意识；
2. 能主动获取信息，对工作过程进行总结和反思，培养发现问题和解决问题的能力。

知识目标

1. 掌握汽车 ESP 系统的工作原理；
2. 理解汽车 ESP 系统各个传感器的作用；
3. 掌握车辆 ESP 系统的故障诊断方法。

能力目标

1. 能正确使用诊断工具判断 ESP 系统故障原因；
2. 能独立排除 ESP 系统故障。

原理解析

车辆电子稳定程序（Electronic Stability Program，ESP）有时也叫作（Electronic Stability Control，ESC），是汽车上的主动安全装置之一，人们也称之为行驶动力学系统，包含制动防抱死系统（Anti-lock Break System，ABS）及车辆防侧滑系统（Acceleration Slip Regulation，ASR），是这两种系统功能上的延伸，简单地说就是一个防滑程序。它可以识别车的运动状态，如果车要发生侧滑，控制系统在即将发生侧滑的同时，采取补救措施，以防车辆滑出车道，如图 6-1 所示。因此，ESP 称得上是当前汽车防滑装置的最高级形式。

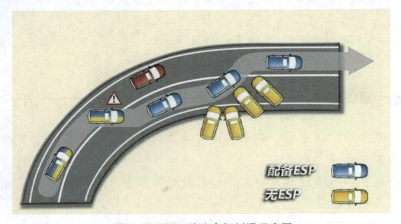

图 6-1　ESP 防止车辆侧滑示意图

一、ESP 系统的结构组成

ESP 系统由控制单元及转向角传感器（监测方向盘的转向角度）、车轮转速传感器（监测各个车轮的速度转动）、侧滑传感器（监测车体绕垂直轴线转动的状态）、横向加速度传感器（监测汽车转弯时的离心力）等组成。控制单元通过这些传感器的信号对车辆的运行状态进行判断，进而发出控制指令。有 ESP 与只有 ABS 及 ASR 的汽车，它们之间的差别在于 ABS 及 ASR 只能被动地做出反应，而 ESP 则能够探测和分析车况并纠正驾驶的错误，防患于未然。ESP 对过度转向或转向不足敏感，如汽车在路滑时左拐过度转向（转弯太急）时会产生向右侧甩尾，传感器感觉到滑动就会迅速制动右前轮使其恢复附着力，产生一种相反的转矩而使汽车保持在原来的车道上。其系统结构如图 6-2 所示。

项目 6 底盘典型故障诊断

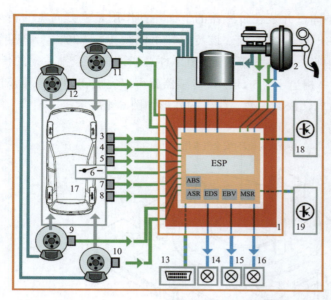

1—带ABS(带EDS/ASR/ESP)控制单元的液压单元
2—带制动压力传感器和脱离开关的增压器
3—纵向加速度传感器
4—横向加速度传感器
5—角速度传感器
6—ASR/ESP的键
7—转向角传感器
8—制动灯开关
9~12—转速传感器
13—诊断导线
14—制动装置指示灯
15—ABS指示灯
16—ASR/ESP指示灯
17—车辆及驾驶员状态
18—接入发动机管理系统
19—接入变速器控制系统（仅在自动变速的车辆上）

图 6-2 ESP 系统结构

1. 带 EDS/ASR/ESP 的 ABS 控制单元 J104

带 EDS/ASR/ESP 的 ABS 控制单元 J104 和液压单元组成一个标准组件，在电子结构上与 BOSCH 控制单元相似。是通过仪表板线束内的正极连接获得供电的，如图 6-3 所示。该控制单元一般是不会出故障的，即使出现故障，驾驶员仍可操纵制动器，但此时它只是一个普通制动器，而无 ABS、EDS、ASR 及 ESP 功能。

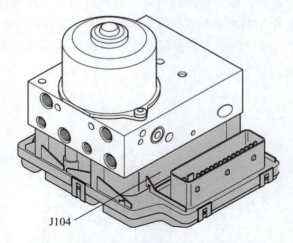

图 6-3 带液压单元的 ABS 控制单元 J104

2. 转向角传感器 G85

G85 安装在转向柱开关和方向盘之间的转向柱上，卷簧式复位环（安全气囊用）

和转向角传感器构成一个整体,并装在传感器的下面,其作用是将方向盘的转动角度数据传送给带 EDS/ASR/ESP 的 ABS 系统。该传感器可测得正负 720°,即四个方向盘转幅。G85 是 ESP 系统中唯一将数据直接通过 CAN 总线传递给控制单元的传感器,点火后方向盘只要转动 4.5°(相当于 1.5 cm),传感器就可以完成初始化。无该传感信号车辆无法正确判定行驶方向,ESP 失效。G85 的外形如图 6-4 所示。

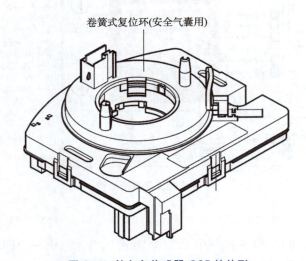

图 6-4　转向角传感器 G85 的外形

3. 横向加速度传感器 G200

由于物理方面的原因,该传感器的安装位置和方向不允许改变,应尽量与汽车重心距离近一些。G200 作用是测出是否有使汽车偏离预定方向的侧向力及侧向力的大小。其外形如图 6-5 所示。如果测不出横向加速度,则控制单元就无法算出车辆的实际状态,ESP 就失效了。

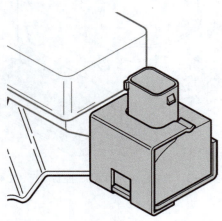

图 6-5　横向加速度传感器 G200 的外形

4. 偏转率传感器 G202

由于安装位置要求靠近重心，所以它和横向加速度传感器安装在同一个支架上。偏转率传感器主要是确定车身是否有转矩作用，根据其安装的位置能确定是绕着空间的哪个轴旋转。在 ESP 中，该传感器必须测出车辆是否绕垂直轴旋转。如其出现故障则 ESP 功能将失效。G202 外形如图 6-6 所示。

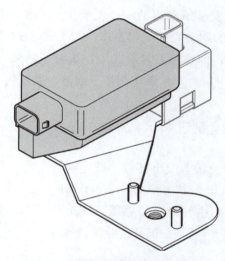

图 6-6　偏转率传感器 G202 的外形

5. 制动压力传感器 G201

该传感器拧在行驶动态调节液压泵内。该传感器向控制单元传送制动管路的实际压力，控制单元根据此算出车轮制动力及作用在车辆上的轴向力。如果需要 ESP 起作用，控制单元会利用上述数值计算侧向力。没有制动力的实际数据，系统无法测出侧向力，ESP 失效。G201 的外形如图 6-7 所示。

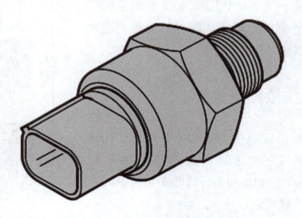

图 6-7　制动压力传感器 G201 的外形

6. ASR/ESP 按键 E256

该按键的位置根据车型不同而不同，一般在组合仪表区，驾驶员用该按键可关闭 ESP 功能。踏下制动踏板或再次按下该按钮，即可再次接通 ESP，如果忘了再次接通 ESP，那么在下次起动发动机时，ESP 就会自动激活。

7. 液压单元

液压单元通常安装在发动机舱内的一个支架上，车型不同安装位置也有所区别。液压单元和两个对角排列的制动管路一起工作。与老式 ABS 不同的是，每个制动管路都安装了进气阀和转换阀，回油泵是自吸式的。该液压单元有三种不同的系统配置即增加压力、保持压力和减少压力。如果该阀坏了则整个系统将无法工作。

二、ESP 系统的控制过程

为了让 ESP 对不良行驶状态做出反应，首先要清楚两个问题：a—驾驶员向什么方向转向？b—车辆向哪个方向行驶？第一个问题由转向角传感器系统 1 和车轮上的转速传感器 2 回答，第二个问题由偏转率 3 和横向加速度 4 来回答。

如果测出的问题 a 和问题 b 的结果不一致，则 ESP 可得出结论，车辆行驶状态不好，需要采取措施。车辆的不良状态表现在以下两个方面：

（1）车辆转向不足（图 6-8 中 Ⅰ）。ESP 控制系统有意识地对位于弯道内侧的后轮实施瞬时制动并使用发动机和变速箱管理系统，防止车辆驶出弯道。

2. 车辆转向过度（图 6-8 中 Ⅱ）。ESP 控制系统有意识地对位于弯道外侧的前轮实施瞬时制动并使用发动机和变速器管理系统，防止离心力。

三、ESP 系统故障现象

驾驶员行车过程中发现仪表的 ESP 警告灯、ABS 警告灯点亮，仪表提示"故障：防抱死制动系统（ABS）/电子稳定程序（ESP）"，如图 6-9 所示。当急刹车时，车辆有打滑现象。

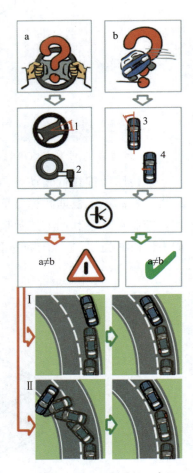

图 6-8　ESP 工作过程示意图

图 6-9 警告灯及文本提示

四、ESP 系统故障诊断与排除

1. 故障分析

ESP 警告灯及 ABS 警告灯都点亮,说明与此系统相关的传感器或控制单元存在故障。

2. 故障诊断过程

(1) 连接诊断仪,读取故障码。进入制动电子装置,选择读取故障码。读到"00105:ABS 回流泵,电气故障"时,说明 ABS 的液压泵存在故障。

(2) 测量制动电子控制单元的供电搭铁。查阅电路图,发现制动电子控制单元 ABS 有三个供电,其中 SB2 为防抱死制动系统(ABS)液压泵 V64 的供电,根据故障码,优先测量 SB2 的输入输出。测得结果为输入为 +B,输出为 0 V,判断为保险 SB2 损坏。

(3) 拔下保险 SB2,测量保险下游的对地电阻为无穷大,说明下游没有短路故障。更换新的保险后,故障排除。

3. 诊断结论

保险 SB2 断路,更换后,故障指示灯熄灭,文本提示消失。

6-1 读取故障码

汽车综合故障诊断

任务 2
轮胎异常磨损故障诊断

  一辆大众途安 2.0T 汽车，车主反映该车在平路直线行驶时会出现跑偏、车轮摆振、车身下沉等现象，严重影响行车速度，乘坐也不舒服；而且轮胎也出现异常磨损。请对车辆进行检查并排除故障。

素质目标

1. 养成学生理论联系实际的能力、发现问题和解决问题的能力、协作交流能力；
2. 严格按照工作规程进行故障诊断及排除，树立良好的安全文明操作意识。

知识目标

1. 掌握轮胎的维护和检查内容；
2. 熟悉汽车轮胎异常磨损的原因。

能力目标

1. 能正确使用检测工具；
2. 能根据维修手册、电路图和其他资料分析车轮与轮胎常见故障产生的原因；
3. 能在规定时间内查找到轮胎异常磨损的原因，并排除故障；
4. 能够对故障机理进行分析，并对轮胎使用提出合理化建议。

原理解析

轮胎异常磨损是指轮胎在行驶过程中所发生的磨损速度加快，胎面形状出现异常的状态。汽车在正常使用过程中，轮胎损坏的形式很多，但常见的损坏形式是轮胎的异常磨损。它大大缩短了轮胎的正常使用寿命，导致车辆使用中存在隐患，维修技术人员应该根据轮胎的磨损特征找出原因，采取有效措施及时排除，延长轮胎的使用寿命。

轮胎异常磨损常见类型如下：

1. 胎肩磨损

胎肩磨损也称桥式磨损，如果轮胎充气压力过低，轮胎的中间便会凹入，将载荷转移到胎肩上，使胎肩磨损快于胎面中间。

2. 胎面中间磨损

如果充气压力过高，轮胎中间便会凸出，且承受较大的载荷，使轮胎中间磨损快于胎肩，如图6-10所示。

图6-10 胎面中间磨损

3. 单侧磨损

单侧磨损即轮胎的内侧或外侧异常磨损。故障原因可能有如下几点：

（1）在过高的车速下转弯会造成转弯磨损。转弯时轮胎滑动，就产生了斜形磨损。

（2）悬架部件变形或间隙过大，会影响前轮定位，造成不正常的轮胎磨损。

（3）如果外倾角不正确，轮胎面某一侧的磨损会快于另一侧的磨损。

由于轮胎与路面接触面积大小因载荷而异，对具有正外倾角的轮胎而言，其外侧直径要小于其内侧直径，胎面必须在路面上滑动，以使转动距离与胎面的内侧相等，这种滑动造成了外侧胎面的过量磨损；反之，具有负外倾角的轮胎，其内侧胎面磨损较快，如图 6-11 所示。

图 6-11　单侧磨损

4. 羽状磨损

轮胎胎面花纹全圆周或单侧直花纹及细花纹尾端呈羽状异常磨损，也为前束和后束磨损，原因为前束和后束调节不当。过量的前束，会迫使轮胎向外滑动，并使胎面的接触面在路面上朝内拖动，造成前束磨损，使得胎面磨损外重内轻且磨痕从内向外；过量的后束，会将轮胎向内拉动，并使胎面的接触面在路面上朝外拖动，造成后束磨损，使得胎面磨损内重外轻且磨痕从外向内。

5. 侧壁凸起

侧壁凸起即鼓包，轮胎内有裂纹而造成气体通过裂纹达到表层，最终导致轮胎"放炮"，如图 6-12 所示。

图 6-12　侧壁凸起（鼓包）

一、轮胎异常故障现象

轮胎花纹磨损不均匀,外侧磨损严重。

二、轮胎异常故障诊断与排除

1. 故障分析

轮胎外侧磨损严重属于轮胎异常磨损中的单侧磨损,故障原因可能有如下几点:
(1)在过高的车速下转弯造成转弯磨损。
(2)外倾角不正确。
(3)悬架部件变形或间隙过大。

2. 故障诊断过程

(1)用轮胎花纹深度尺检查轮胎磨损程度,首先看是否达到磨损极限,国家标准是1.6mm。图6-13所示为轮胎胎面磨损指示标记。经检查,轮胎花纹深度符合要求。

图 6-13　轮胎胎面磨损指示标记

(2)检查胎面磨损情况,询问驾驶员是否高速转弯,如果有则避免。
(3)检查悬架部件,如图6-14所示。如松动则将其紧固;如变形和磨损,应修理或更换。经检查,悬架正常。

图 6-14　检查悬架部件

（4）使用四轮定位仪 VAS6331 检查后轮定位参数，如图 6-15 所示。

图 6-15　后轮读数表

经检查，后轮前束和推进角正常，而后轮外倾角不符合要求，需进行校正，通过旋转上部横摆臂的偏心螺栓，调整车轮外倾角，如图 6-16 所示。

图 6-16　调整后轮外倾角

（5）检查前轮定位参数，如图6-17所示。

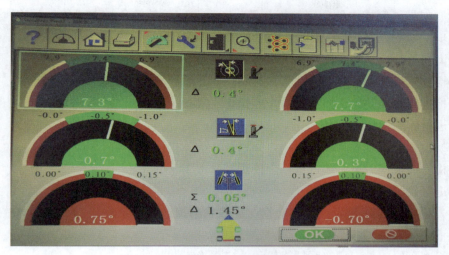

图6-17　前轮读数表

经检查，前轮的主销后倾角、外倾角正常，而前束不符合要求；此时，可松开防松螺母，通过旋转横拉杆来调整前束，如图6-18所示。

图6-18　调整前轮前束

3．诊断结论

由于车辆定位参数的不正确，造成了使用过程中的胎面异常磨损。

总结拓展

轮胎异常磨损的原因还有很多，常见的有以下几种：

（1）如果胎面中间磨损严重或者两侧胎肩磨损严重，系为充气过量或不足引起的。故障排除步骤如下：

①检查是否有超载情况。

②调整充气压力。

③进行轮胎换位。

（2）如果外侧或内侧胎肩磨损严重，主要为前轮外倾角过大或负外倾角所致。故障排除步骤如下：

①询问驾驶员是否高速转弯，如果有则避免。

②检查悬架部件。如松动则将其紧固；如变形和磨损，应修理或更换。

③检查轮胎外倾角。如不正常，应校正。

④进行轮胎换位。

（3）检查胎面是否为羽状磨损，如果是，故障排除步骤如下：

①检查前束或后束。如过量，应校正。

②进行轮胎换位。

（4）检查胎面是否为锯齿状磨损、波浪状磨损或碟片状磨损，如果是，故障排除步骤如下：

①检查车轮轴承。如有磨损或松动，应更换或调整。

②检查车轮动平衡。如果不正确，应调整。

针对上述故障，一方面要提醒驾驶员注意养成良好的驾驶习惯，不超载、不偏载；另一方面要注意轮胎充气压力保持在规定值。同时，在轮胎维护和检查时，注意检查轮胎动平衡、车轮定位和悬架、轴承的情况。

任务 3 转向沉重故障诊断

一辆迈腾 B8 2.0T 汽车，顾客反映汽车行驶中转动方向盘阻力比较大，且无回正感，低速行驶或掉头时转动方向盘比较费力。请检查并对故障进行维修。

项目 6 底盘典型故障诊断

素质目标

1. 能主动获取新技术，通过综合思维和逻辑思维分析问题、解决问题，培养与他人进行有效沟通和团结协作的能力；
2. 严格按照工作规程进行故障诊断及排除，树立良好的安全文明操作意识，对工作过程进行总结和反思。

知识目标

1. 掌握转向系统的工作原理；
2. 熟悉转向系统电路，根据电路分析转向系统常见故障产生的原因。

能力目标

1. 能正确使用诊断工具；
2. 能诊断并排除转向沉重的故障；
3. 能够对故障机理进行分析，并提出合理化建议。

原理解析

电动机械助力转向系统（Electric Power Steering，EPS）是一种直接依靠电机提供辅助扭矩的动力转向系统，与传统的液压助力转向系统（Hydraulic Power Steering，HPS）相比，EPS 系统具有很多优点。它可以协助驾驶员行车，减轻身体和心理负担。同时，它仅在驾驶员需要转向助力时才提供帮助。电动机械助力转向系统借助于电机来完成驾驶员的转向运动，电机驱动蜗轮蜗杆传动机构，转向助力与车速、转向力矩和转向角有关。在不受地面影响的情况下，这个受速度影响的系统将直接的转向感觉传递给驾驶员。

带双小齿轮的电动机械转向助力器总体的部件包括方向盘、转向柱、带转向角传感器 G85 的组合开关、电动机械转向助力器马达 V187、连接机械式转向机构的十字万向轴、转向力矩传感器 J269、转向器及转向辅助控制单元 J500 等，如图 6-19 所示。

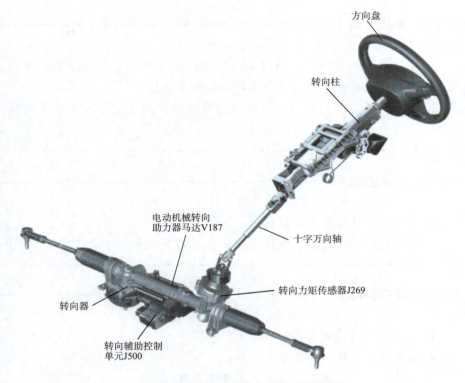

图 6-19 电动机械助力转向系统结构

在带双小齿轮的电动机械转向助力器上，需要的转向力通过转向小齿轮和驱动小齿轮传送到齿条中。转向小齿轮负责传送驾驶员施加的转向力矩，驱动小齿轮则通过一只蜗轮传动装置传送由电动机械转向助力器马达提供的助力扭矩。转向器由一只转向力矩传感器、一根扭转棒、一只转向和驱动小齿轮、一只蜗轮传动装置以及一只带控制单元的电动马达组成。电动机械转向助力器的核心部件是一根齿条，它有两只花键啮合在转向器中。该电动马达具有用于转向助力的控制单元和传感装置，安装在第二只小齿轮上。这种结构可以使方向盘和齿条之间形成机械连接，所以当伺服马达失灵时，车辆还能够进行机械转向，如图 6-20 所示。

电动机械助力转向系统产生故障的原因除机械转向机构外，还增加了电控系统各元器件的因素。

转向助力的工作过程如下：

（1）转向助力过程从驾驶员转动方向盘起开始。

（2）利用方向盘上的扭矩转动转向器上的扭转棒。转向力矩传感器 G269 探测到转动，并将测得的转向力矩发送给控制单元 J500。

（3）转向角度传感器 G85 发送当前的转向角信号，转子转速传感器发送当前的转向速度信号。

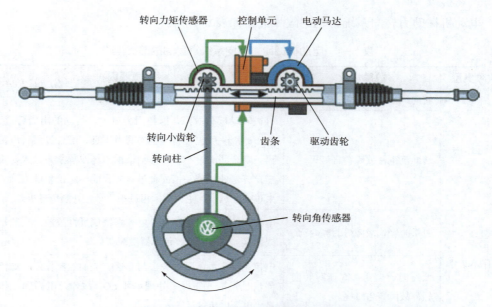

图 6-20 带双小齿轮式电动机械转向系统

（4）控制单元根据转向力矩、车速、发动机转速、转向角和转向速度，以及在控制单元中设置的特性曲线，确定需要的助力扭矩，并控制电动马达转动。

（5）转向助力是通过第二只平行于齿条发生作用的小齿轮来完成的。该小齿轮是由电动马达驱动的。该马达通过蜗轮传动并驱动小齿轮作用到齿条上，从而传送助力转向力。

（6）方向盘扭矩和助力扭矩的总合是转向器上引起齿条运动的有效扭矩，如图6-21所示。

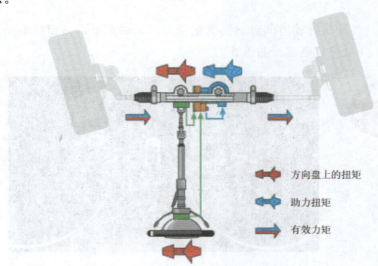

图 6-21 转向助力的工作过程

电动机械助力转向系统常见的故障类型如表 6-1 所示。

表 6-1 电动机械助力转向系统常见的故障类型

故障类型	故障现象	故障原因
不起作用	转向沉重，故障警告灯亮	电控系统有故障，即有故障代码显示
	转向沉重，故障警告灯灭	机械转动部分故障，摩擦阻力过大，运动的阻力臂过大，故障原因一般包含转向机构润滑不良、配合过紧（齿轮和齿条啮合间隙过小、转向轴轴承损坏或预紧力过大、转向横拉杆弯曲或球头销配合过紧）及前轮定位角度失准（前束过大、过小，主销后倾角过小，车轮外倾角过小）
工作不正常	时重时轻，故障灯时亮时灭	电控系统连接接触不良。电控系统偶发性故障，一般是导线插接器接触不良、传感器磁隙变化等
	低速时转向重，高速时转向轻，故障警告灯亮	电控系统有故障，即失去与车速有关的控制作用。如传感器信号不准或错误，处理单元 ECU 故障，电磁阀工作不良，电源电压过低等
警告灯异常	电控系统有故障，但故障警告灯不亮	故障指示灯本身故障。警告灯线路短路或断路
	电控系统无故障，但故障警告灯常亮	

一、转向沉重故障现象

汽车转向时，驾驶员转动方向盘感到沉重费力，无回正感，甚至打不动。组合仪表中的警告灯 K161 红色灯亮起，如图 6-22 所示。

图 6-22 电动机械转向系统故障指示灯亮起

二、转向沉重故障诊断与排除

1. 故障分析

由于转向无助力,且仪表警告灯亮。故障可能在电控系统,即信号输入端、电脑电源及通信、信号输出端。电路图如图 6-23 所示,故障原因可能有以下几点:

(1) 转向角度传感器 G85 故障。

(2) 转向力矩传感器 G269 故障。

(3) 发动机转速传感器 G28 故障。

(4) 转速传感器 G45、G46、G47、G48 故障。

(5) 转向辅助控制单元 J500 电源、通信故障。

(6) 电动机械助力转向器马达 V187 故障。

(7) 组合仪表中的警告灯 K161 故障。

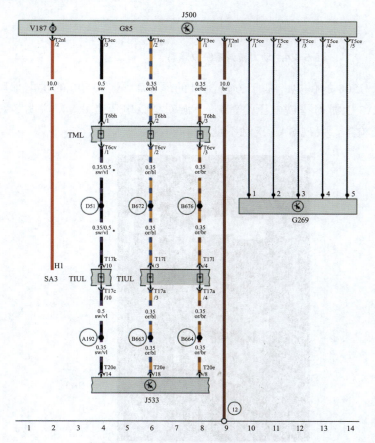

图 6-23 电动机械转向系统电路图

G85—转向角度传感器;G269—转向力矩传感器;J500—转向辅助控制单元;
V187—电动机械助力转向器马达

2. 故障诊断过程

（1）连接诊断仪，读取故障码。动力转向系统无法进入。如图 6-24 所示。进入数据总线诊断接口 J533，读取到故障码"B1602：动力转向控制单元，无通信"。

6-2　读取故障码

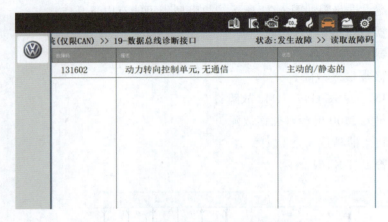

图 6-24　动力转向系统故障码

（2）测量 J500 的供电。基于方便测量的原则，测量 J500 的供电保险 SA3，如图 6-25 所示，SA3 上游对搭铁电压是 +B，下游对搭铁电压是 0 V，说明 SA3 断路，J500 供电异常。经检查，发现 SA3 接触不良。

图 6-25　SA3 保险在实车的位置

3. 诊断结论

由于 SA3 保险断路，导致转向辅助控制单元 J500 无供电，J500 不工作，导致动力转向系统无法工作，进而不能控制电动机械助力转向器马达，遂转向无助力。

汽车转向系统的故障除了行驶中转向沉重之外，还有以下几种常见故障：

1. 自由行程过大

汽车保持直线行驶位置静止不动时，轻轻来回晃动方向盘，自由角度很大（大于15°）。可能的故障原因为转向各部位传动间隙过大，故障可能在转向器齿轮与齿条啮合间隙过大，转向传动机构及转向轮轴承间隙不符合要求，球铰磨损严重，配合松旷，横拉杆与支架配合松旷。

2. 前轮发摆

汽车在低速行驶时，当遇到坑凹凸不平时，两前轮出现各自围绕主销轴心线进行振动现象（前轮发摆），严重时整个车头晃动、方向盘左右摆转。可能的故障原因是：转向轮定位角不准；转向传动间隙过大，使得回正力矩加大，而且系统存在产生振动的空间。

汽车在某高速范围内行驶时，出现两前轮发摆（转向发抖）现象，严重时整个车头晃动，感觉方向难以控制。主要原因是转向轮的横向摆振频率与车轮的固有频率发生共振（主要是车轮动补平衡量过大）。

3. 转向发响

汽车在大角度转弯时发出"铛铛"的金属撞击声，响声一般发生在转向驱动桥上，主要原因是间隙过大。

不管哪种故障出现，都会导致汽车无法按照既定的路线正常行驶，可见方向的重要性。大学生要树立坚定的政治方向和远大的人生志向，坚定中国特色社会主义的道路自信、理论自信、制度自信、文化自信，既怀抱梦想又脚踏实地，既敢想敢为又善作善成，立志做有理想、敢担当、能吃苦、肯奋斗的新时代好青年，保证在人生道路上不跑偏。

迈腾 B8L 防抱死制动系统（ABS）电路图、机电式转向系统电路图见二维码附图 6-1 和附图 6-2。

附图 6-1 和附图 6-2

参考文献

[1] 李春明，刘艳莉，张军.汽车故障诊断方法与维修技术[M].北京：北京理工大学出版社，2013.

[2] 崔选盟.汽车故障诊断技术[M].北京：人民交通出版社，2014.

[3] 仇雅莉.汽车故障诊断技术[M].北京：电子工业出版社，2014.

[4] 弋国鹏，魏建平，郑世界.汽车舒适控制系统及检修[M].北京：机械工业出版社，2017.

[5] 弋国鹏，魏建平，郑世界.汽车灯光控制系统及检修[M].北京：机械工业出版社，2017.

[6] 弋国鹏，魏建平，郑世界.汽车发动机控制系统及检修[M].北京：机械工业出版社，2017.

[7] 孙志刚，董大伟.汽车故障诊断与排除[M].北京：北京理工大学出版社，2016.

[8] 王丽新.汽车综合故障诊断[M].长沙：国防科技大学出版社，2017.

[9] 孔庆荣，李臣华，赵玉田.汽车故障诊断与综合检测[M].北京：北京理工大学出版社，2017.

[10] 张宝青，王翠，赵胤.汽车故障诊断技术[M].西安：西安交通大学出版社，2016.